SENTIDOS, POTENCIALIDADES E USOS DA (AUTO)BIOGRAFIA

Série *Artes de viver, conhecer e formar*

APOIOS

Biograph – Associação Brasileira de Pesquisa (Auto)Biográfica
FEUSP – Faculdade de Educação da Universidade de São Paulo
FAPESP
CNPq – Conselho Nacional de Desenvolvimento Científico e Tecnológico
CAPES
Fafe – Fundação de Apoio à Faculdade de Educação

Paula Perin Vicentini
Maria Helena Abrahão
(Organizadoras)

Série ***Artes de viver, conhecer e formar***

SENTIDOS, POTENCIALIDADES E USOS DA (AUTO)BIOGRAFIA

CULTURA ACADÊMICA
Editora

Cultura Acadêmica Editora
Praça da Sé, 108
01001-900 – São Paulo/SP
Tel.: (0xx11) 3242-7171
Fax: (0xx11) 3242-7172
www.culturaacademica.com.br

Serviço de Biblioteca e Documentação
Faculdade de Educação da Universidade de São Paulo

S478 Sentidos, potencialidades e usos da (auto)biografia / Paula Perin Vicentini, Maria Helena Menna Barreto Abrahão (orgs.) São Paulo : Cultura Acadêmica, 2010.
216 p. (Série Artes de viver, conhecer e formar)

ISBN: 978-85-7983-054-9
Vários autores.

1. Educação 2. Autobiografias 3. Memória 4. Formação 5. Formação de professores 6. Autoformação I. Vicentini, Paula Perin, org. II. Abrahão, Maria Helena Menna Barreto, org.

CDD 22ed.: 370

Editora afiliada:

Asociación de Editoriales Universitarias de América Latina y el Caribe

Associação Brasileira de Editoras Universitárias

Sumário

Prefácio

"Educação é vida", disse-nos Dewey.

"Alguém, vós ou eu, avança e diz: gostaria de aprender finalmente a viver".
Desse modo, Derrida iniciava Spectres de Marx. (Aprender finalmente a viver, Jacques Derrida, entrevista com Jean Birnbaum, Coimbra: Ariadne, 2005.).

Em entrevista, no ano de sua morte, Derrida perguntou-se "Como aprender a viver?" Na mesma oportunidade, lembrou-nos:

> Aprender a viver é amadurecer, e também educar: ensinar aos outros e sobretudo a si mesmo. Apostrofar alguém para lhe dizer: "vou te ensinar a viver" significa, por vezes em tom de ameaça, vou te formar ou mesmo te domar. A seguir e o equívoco deste jogo importa-me ainda mais, este suspiro abre-se também a uma interrogação mais difícil: a viver, poderá isso aprender-se? Ensinar-se? (*Aprender finalmente a viver,* Jacques Derrida, entrevista com Jean Birnbaum, Coimbra: Ariadne, 2005.).

2010 conhece a edição de uma série de seis obras nas quais os autores empenham-se de formas absolutamente originais em constituir relações entre histórias de vida e educação. O tema vem servindo à proliferação de inúmeros estudos, desde algumas décadas.

No Brasil, há alguns anos, vemos frutificar apropriações bastante diferenciadas dos elos possíveis entre (auto)biografia e formação. O que pode parecer surpreendente é, decerto essa multiplicidade de apropriações que, inauguram, de modo incessante, perspectivas novas nessa área de pesquisa. Os seis livros aqui apresentados reúnem colaborações de autores da Suíça, França, Portugal, Dinamarca, Estados Unidos, Argentina, México, Canadá e Brasil. Seus títulos refletem sua riqueza e a organização de cada um dos livros aproxima, também, estudiosos de diversos pontos do país, como se pode constatar:

Sentidos, potencialidades e usos da (auto)biografia. Organização de Paula Perin Vicentini e Maria Helena Menna Barreto Abrahão.

Invenções de vidas, compreensão de itinerários e alternativas de formação. Organização de Maria da Conceição Passeggi e Vivian Batista da Silva.

Docência, Pesquisa e Aprendizagem: (auto)biografias como espaços de formação/investigação. Organização de Dislane Zerbinatti Moraes e Rosario Silvana Genta Lugli.

Espaços, tempos e gerações: perspectivas (auto)biográficas. Organização de Elizeu Clementino de Souza e Rita de Cassia Gallego.

Modos de narrar a vida: cinema, fotografia, literatura e educação. Organização de Raquel Lazzari Leite Barbosa e Mônica Appezzato Pinazza.

Práticas de formação, memória e pesquisa (auto)biográfica. Organização de Vera Lucia Gaspar e Jorge Luiz da Cunha.

A alusão aos títulos permite entrever, de saída, o potencial dos trabalhos que integram cada volume. Potencial esse que evidencia tanto as possibilidades analíticas e metodológicas do trabalho com narrativas, histórias de vida e (auto)biografias quanto a diversidade de objetos passíveis de serem conhecidos e compreendidos mediantes tais fontes. Ressalta-se ainda, a bifurcação das análises entre as que tematizam, de modo preferencial, as práticas de formação e as que investem sobre a geração de conhecimentos relativos à produção das investigações. Bifurcação estratégica, mas renovadamente superada na busca de maior compreensão dos problemas. Nessa mesma busca, as pesquisas (auto)biográficas alicerçam suas fundações no domínio da pedagogia, da história, da literatura, da psicologia, das artes, da filosofia e da antropologia. Pela eleição de objetos interdisciplinares, os estudos que a série de livros nos traz constroem-se para dar conta de questões como: artes da existência, aspectos da subjetividade, cuidados com o corpo, histórias de imigrantes, experiências de escrita, formação de professores e alunos e práticas de trabalho em sala de aula.

Os resultados de tais incursões agregam, assim, elementos importantes para análises da formação e suas práticas, das artes, das narrativas e dos processos de invenção da vida. Importa sublinhar aqui o fato dos trabalhos reunidos nos seis livros exprimirem, nesse momento, um ponto significativo na história do movimento internacional de pesquisa (auto)biográfica: momento de intensa produção e de grande diversidade de métodos e de fontes que, impõe ele próprio, a urgência da construção da história do movimento. (Auto) biografia e formação, história de vida e educação, docência e memória já constituíram, internacionalmente, uma produção de tal porte que importa conhecê-la em seus cruzamentos disciplinares, em sua cronologia, em seu intercâmbios, em suas modalidades de apropriação das ciências humanas e das artes. Que o conjunto das obras agora publicadas colabore para tal empreendimento e ao mesmo tempo faça proliferar o alcance de nossa compreensão sobre as questões que contempla! Tal é a nossa expectativa.

Denice B. Catani

São Paulo, maio de 2010.

SENTIDOS, POTENCIALIDADES E USOS DA (AUTO)BIOGRAFIA

Apresentação

Sentidos, potencialidades e usos da (auto)biografia: essa é a temática que integra os diversos trabalhos aqui reunidos. Trata-se de resultados de pesquisas realizadas por autores de Portugal (Jorge Ramos do Ó), México (Rosa Maria Torres), Dinamarca (Henning Olesen Salling), França (Christine Delory-Momberger), Canadá (Serge Lapointe), Suíça (Marie Christine Josso) e Brasil (Maria Teresa Santos Cunha, Filomena Arruda Monteiro, Adriana T. Fortes, Edson G. Evangelista, Fábio Mariani, Lúcia Ida e Waldinei Lisboa), que atestam o reconhecimento da temática em diversos países, bem como as interlocuções consolidadas na área. Por um lado, o livro dá continuidade aos percursos das pesquisas que fazem uso das histórias de vida e dos estudos (auto)biográficos como método de investigação e que já vêm se fortalecendo desde algumas décadas, no caso brasileiro e no de outros países. Por outro lado, a coletânea representa possibilidades de enriquecimento desses estudos, incorporando temáticas que se referem às potencialidades das narrativas na construção do sujeito, de sua formação e do cuidado de si. Os artigos que compõem o presente livro estão articulados em eixos que evidenciam as especificidades das questões tratadas.

Assim, um primeiro núcleo da coletânea desenvolve uma discussão teórica sobre as *(auto)biografias como espaços de conhecimento*. Insiste-se aqui nos esforços de interpretação das narrativas, assinalando tanto os aspectos individuais quanto a perspectiva social de sua produção, bem como as dinâmicas entre essas duas dimensões. No segundo eixo da coletânea inserem-se os trabalhos que analisam *histórias de vida,* depreendendo *sentidos e projetos* presentes nessas produções. Os artigos articulados nesse eixo conduzem a refletir sobre a "arte da memória" como uma forma de valorização do sujeito e de luta contra o esquecimento. O terceiro e último eixo evidencia como as *narrativas de vida* conduzem a pensar sobre o *cuidado de si* e sobre situações de *aprendizagem.* Trata-se de encontrar alternativas para o conhecimento do próprio corpo, das possibilidades de formação e de invenções para o futuro.

O primeiro eixo inicia-se com o texto de Jorge Ramos do Ó (Universidade de Lisboa). Partindo dos últimos escritos de Michel Foucault, o artigo reflete sobre a construção de verdades que os sujeitos constroem acerca de si mesmos. Na modernidade, essa problemática assume contornos específicos, pois nas nossas sociedades o domínio da moralidade remete cada vez mais para a *liberdade regulada,* pela necessidade permanentemente posta do governo sem governo, de ampliação do poder até a autonomia de escolha dos sujeitos. Como a governamentalidade, então, se inscreve no corpo dos homens? De que maneira podemos relacionar as regras de governo com o problema do cuidado de si, já que esse é um princípio fundamental no mundo moderno? O trabalho de Jorge do Ó contribui para a compreensão dessas questões e do modo como a subjetividade é construída. Trata-se de explicações fundamentais para identificar a relevância das narrativas (auto)biográficas e para interpretá-las considerando os modos pelos quais a subjetividade incorpora a estrutura social.

O artigo seguinte é o de Rosa María Torres Hernández (Universidad Pedagógica Nacional, México), que escreve sobre a escrita (auto)biográfica como uma forma de conhecimento de si. Para a autora, esse tipo de narrativa conduz ao desafio de dar unidade e coerência a uma trajetória. Narrar a própria vida é evidenciar laços entre o passado e o presente, este sempre aberto ao futuro, entre o sujeito consigo mesmo, com os outros, com a instituições e acontecimentos históricos. Nesse sentido, as (auto)biografias podem revelar as articulações mantidas pelos sujeitos com suas condições sociais, com o que crê, imagina e projeta. Examinando histórias de professoras, Torres mostra não só a complexidade de se escrever sobre a própria vida, como também a possibilidade de, por meio dessa tarefa, vivenciar um processo "auto-reparador".

Henning Olesen Salling (Roskilde University, Dinamarca), por sua vez, contribui com as discussões sobre as potencialidades da (auto)biografia até aqui assinaladas ao examinar as histórias de vida como meios de se conhecer as dinâmicas sociais e culturais presentes na constituição da subjetividade. Suas discussões retomam resultados de investigações sobre histórias de vida baseadas na noção de experiência social e ambivalência, descrevendo as implicações desses conceitos para entender a aprendizagem e as dimensões subjetivas na interação social. Segundo o autor, as narrativas sobre como se aprende fornecem uma compreensão holística e situada do processo e do modo como o mesmo é sentido pelo aprendiz, ultrapassando uma perspectiva individualista de interpretação.

Num segundo momento, o livro conta com artigos versando sobre as histórias de vida, seus sentidos e projetos. O texto de Christine Delory-Momberger (Universidade Paris 13/Nord) analisa o trabalho de memória e formação de si em álbuns de família. Como explica a autora, essa coleção de fotografias representa uma garantia de memória do grupo, retratando momentos, personagens, rostos, laços, como o que Barthes chamaria de "gatilhos de lembranças". Uma das questões analisadas corresponde ao que aprendemos sobre as imagens? O que podemos compreender dos personagens congelados nos retratos? Analisando a obra de diferentes artistas, Christine Delory-Momberger evidencia o quanto a memória é confusa. Mesmo assim, observar um álbum de família corresponde a um trabalho fértil, feliz em alguns casos, difícil noutros, mas que sempre conduz ao conhecimento e à (auto)formação.

Maria Teresa Santos Cunha (Universidade do Estado de Santa Catarina) também remete para as potencialidades da narrativa (auto)biográfica, atentando especificamente para o trabalho de escrever sobre si. Em suas palavras, investigar registros pessoais escritos é um desafio porque exige do pesquisador o cuidado com a composição do arquivo, no qual podem ser cruzadas fontes e suportes variados, nos quais pistas e sinais estão inscritos. Esse desafio é assumido pela autora ao examinar narrativas escritas por Lucas Alexandre Boiteux (1880-1966), Almirante da Marinha, "homem que viveu a escrita como uma necessidade vital haja vista a quantidade e a variedade de textos escritos (datilografados, manuscritos, muitos publicados outros ainda inéditos) que nos legou e que hoje vêm sendo cuidadosamente estudados em seu acervo privado depositado no Instituto Histórico e Geográfico do Estado de Santa Catarina, localizado na cidade de Florianópolis". Ele escreveu sobre sua formação, seu trabalho, indicando aspectos importantes da história de Santa Catarina e dos valores militares consoantes ao seu gênero e geração.

Serge Lapointe (Université du Québec) também apresenta reflexões feitas a partir do desenvolvimento de pesquisas sobre (auto) biografias. Intitulado *Sentidos e projeto de vida*, o referido programa é aberto a pessoas de todas as partes de Quebec e que estejam interessadas em narrar a própria vida, no intuito de compreender a si mesmas e inventar novos sentidos para sua existência. Ao falar sobre esse trabalho, Lapointe discute temas relativos ao corpo biográfico, às idades da vida e aos cuidados de si. Trata-se da apresentação de uma experiência com histórias de vida e com o relato coletivo, que evoca a articulação entre saber e ser em história de vida.

O terceiro eixo da coletânea refere-se aos modos como as narrativas podem favorecer os cuidados de si. O texto de Marie-Christine Josso (Universidade de Genebra) dá início a essas discussões, apoiando-se em experiências desenvolvidas junto a adultos mais ou menos jovens, ao longo de mais de vinte anos na Universidade de Genebra, em formações profissionais contínuas no âmbito de atividades de instituições da área da saúde, do trabalho social, da educação escolar ou profissional e da formação contínua em empresa. Segundo a autora, os relatos (auto)biográficos são trabalhos que podem favorecer transformações na vida e o corpo, tal como é evocado nos relatos examinados, ocupa um lugar de destaque. O lugar do corpo também é destacado no artigo como central no cuidado de si. Assim, o texto traz contribuições originais ao enfatizar a importância do corpo nas pesquisas autobiográficas.

Resultados de estudos que usam relatos (auto)biográficos também são apresentados por Filomena Arruda Monteiro (Universidade Federal de Mato Grosso), que coordena pesquisadores de diversas instituições (Adriana T. Fortes, Edson G. Evangelista, Fábio Mariani, Lúcia Ida e Waldinei Lisboa), apresenta experiências vividas pelo grupo. Em seu entender, as aprendizagens profissionais desses professores-pesquisadores "devem ser compreendidas a partir de contextos múltiplos de experiências teóricas e variedades de práticas acumuladas ao longo dos percursos profissionais e pessoais dos sujeitos e que, agora, convergem no tempo e lugar do grupo, para então, dialógica e dialeticamente dinamizarem o processo contínuo das aprendizagens". Os professores-pesquisadores escrevem sobre si, refletindo sobre o processo e potencializando novas aprendizagens. É por isso que o artigo não se encerra com uma conclusão, mas sim com a afirmação de que o "desafio continua".

Não poderíamos encerrar a apresentação desses artigos sem enfatizar as possibilidades de investigação que assim se vislumbram e sem destacar mais uma vez a importância desses trabalhos, que contribuem para a ampliação dos caminhos a serem seguidos pela pesquisa (auto)biográfica.

Paula Perin Vicentini
Universidade de São Paulo

Maria Helena Menna Barreto Abrahão
Pontifícia Universidade Católica
do Rio Grande do Sul

As (auto)biografias como espaços de conhecimento

PARA UMA CRÍTICA DAS ARTES DA EXISTÊNCIA E DA IDEIA DE CONSCIÊNCIA NA MODERNIDADE: A PROBLEMATIZAÇÃO FOUCAULTIANA

Jorge Ramos do Ó

Introdução

O objectivo deste texto é contribuir para um debate, simultaneamente teórico e empírico, acerca dos sentidos e limites da produção histórica de *um modelo* político-científico de sujeito que amiúde se confunde, nos múltiplos discursos identitários do presente, como sendo *a natureza mesma* do sujeito. Trata-se aqui de operar num registo em que se lê *artefato* onde muitos insistem em ler *verdade*.

Para esta discussão parto dos últimos escritos de Michel Foucault que foram produzidos no contexto da publicação dos três volumes da sua *História da Sexualidade*, e que têm tido grande impacto no modo como setores importantes da investigação actual analisam as racionalidades, as técnicas e as práticas que historicamente envolvem o cálculo e a formatação das verdades que os sujeitos se atribuem a si mesmos. O filósofo-historiador francês definiu aí um espaço analítico que permite ao investigador cruzar permanentemente os domínios da ética com os da política e determinar-se em estabelecer as bases sobre as quais as modernas práticas da subjectivação têm vindo a ser construídas na modernidade.

O projeto de trabalho foucaultiano incita a análise a articular, numa mesma sequência lógica, os sistemas de conhecimento, as modalidades de poder e as relações do eu consigo próprio. E se para cada um destes domínios viria a utilizar também três formas específicas de análise – designadas por "arqueologia", "genealogia" e "ética" –, num dos seus cursos anuais do Collège de France, corria o ano de 1978, Foucault cunhou um termo governamentalidade que, aliado à expressão "tecnologias do eu", surgiriam como um pivot e um ponto de condensação do conjunto das suas reflexões anteriores. É a hipótese deste vaivém permanente que muito tem animado, entre vários outros, historiadores, sociólogos e filósofos.

Embora comece por explicitar uma filiação intelectual, quero evitar um erro que a esse propósito muitas vezes ocorre: a apropriação de um fragmento de discurso de um autor, tomado como autoridade, e o uso das suas palavras como se de um tesouro se tratasse. Os textos de Foucault servem de matriz teórica deste artigo e funcionam igualmente como porta de entrada para visitar, e conhecer mais demoradamente, a argumentação de toda uma *tribo inteletual* que, a meu ver, trabalha os fenômenos sociais de forma contígua. Nesta viagem existem outros nomes e os de Nikolas Rose, Ian Hacking, Richard Rorty estará sem dúvida entre os incontornáveis. Desta comunidade interpretativa posso, ainda, penetrar no pensamento de outras figuras conceituais – de Elias, a Bourdieu e Giddens e – e até ser conduzido, de forma organizada, em blocos de discurso de vários clássicos. Diretamente ou por empréstimo, regressarei a Nietzsche e a Freud. Esta é uma família cujo pensamento teórico coloca alguns desafios – riscos seria talvez a melhor palavra – que o meu leitor deve já passar a conhecer.

O primeiro tem que ver com o entendimento e a utilização do conceito *poder*. Aqui será trabalhada não como uma propriedade, qualquer coisa que se detenha, mas, fundamentalmente, como uma composição. Quando aqui falarei em poder, falo-ei para valorizar a circulação, a difusão, as redes, o consumo e, nunca por nunca, a posse. Nesta linha, o meu ponto é o de tentar perceber como, numa profusão de locais e sem uma ordem única, se foram desde então codificando e postos a circular modelos de condução da conduta que a escola secundária tomou como seus também a partir daquela época.

Dito isto, assumo nova posição: a de que nas nossas sociedades o domínio da moralidade remete cada vez menos para sistemas universais de injunção e proibição que para um quadro de *liberdade regulada*. Cada singularidade passa a ser vista como um ponto de passagem objetivada de princípios e forças de poder. A modernidade será, assim, caracterizada pelo permanente desígnio de governar sem governar, de ampliar o poder até aos limites mais distantes, ou seja, às escolhas de sujeitos autônomos nas suas decisões. De acordo com esta perspectiva, é possível enquadrar a coisa educativa e as próprias práticas de socialização das crianças e dos jovens à luz da dinâmica maior da liberdade. As estratégias que temos desenvolvido a partir de finais do século XIX parecem poder de fato explicar-se como fazendo coincidir a direção e a condução de sujeitos livres com o objetivo de governo. Os padrões e respectivos incentivos à reflexão-ação do sujeito configuraram um modelo onde a autonomia e o autocontrole surgiam como as marcas da identidade e da relação interpessoal. Defendo é que todos os mecanismos de submissão ética desenvolvidos, ao menos de um século a esta parte, em todas as instituições relacionadas com a formação dos sujeitos têm suposto sempre que estes façam as suas próprias escolhas. Para o Estado-nação, de há muito que a palavra moral se traduz por *vontade pessoal* e *governo de si*.

Outra questão central na abordagem do poder tem a ver com os regimes de inteligibilidade. Governar será sempre aqui entendido como agir de acordo com uma certa descrição. As zonas de governo vêem-se confundindo cada vez mais com operações intelectuais e com a circulação de discursos científicos suscetíveis de refletir toda uma massa de fenômenos. A população no seu conjunto passou a ser objeto de conhecimento, reclamando a presença de novos especialistas. O Estado viu-se a produzir e a sofisticar legislação, estatísticas, índices, com o fim de simultaneamente explicar e conformar o funcionamento da economia e a sociedade. Estou a falar de todo um *regime de enunciação* que, em nome de um conhecimento racional, permitiu a diferentes autoridades, públicas e privadas, reclamar a possibilidade do seu governo dos homens e das coisas. Tome-se o exemplo da pedagogia. Sabemos que ela foi, em grande medida, construída sob as categorias e divisões definidas pela ciência e absorvidas pelos sistemas de ensino estatais (Ó, 2003). Toda a relação educativa moderna tem uma raiz *psi*, o que significa que passou a estar dependente dos diagnósticos, orientações teóricas, divisões e formas de explicação que a Psicologia concebeu para indexar e reelaborar os imperativos éticos. Podemos então falar de uma regulação psicológica do eu, como derivando daquela ciência da alma em franca expansão há mais de um século. Apontando para as capacidades e as aptidões, a saúde e as doenças, as virtudes e as perversões, a normalidade e as patologias do escolar, a Psicologia está na base, de fato, de todas as técnicas e dispositivos relativos à identidade e à conduta.

Desta sorte, é sempre um problema de linguagem que se encontra na origem e na constituição do mundo. Julgo assim – arriscando-me porventura de novo um pouco mais – que qualquer prática social não existe fora das palavras que se usam em cada época para descrevê-la. Como se realidade e representação se não distinguissem, e o destino das populações e dos indivíduos fosse inteiramente jogado na circulação, apropriação e manipulação de vocabulários comuns. E já chego ao desenho da minha investigação destinada a determinar quais os *artefatos discursivos* que o Estado e a ciência psicopedagógica produziram, a fim de transformar o aluno num *artefato social*. Ora, fácil se torna que se anteveja a mesma dinâmica no interior de outros universos que não os da educação das crianças e dos jovens.

Governamentalidade e Tecnologias do eu

O objetivo das tópicas da governamentalidade e das tecnologias do eu é gerar toda uma aparelhagem conceitual que possa tornar explícita tanto uma visão micro, tomando o indivíduo no seu próprio universo, quanto uma visão macro do tecido social, revelando uma preocupação de governo da população no seu conjunto. Admite-se assim que as dinâmicas da individualização e da totalização correspondem a um e a um só processo – e que nós pudéssemos, a partir delas, falar de identidade como um problema essencialmente relacional –os últimos textos de Foucault mobilizam-se para inventariar os mecanismos de poder desenvolvidos, a partir do século XVI e na Europa Ocidental, no sentido de administrar e supervisionar as condições de vida dos cidadãos, de todos e de cada um em particular de modo homólogo. Os seus textos finais procuram desvendar a emergência de todo um novo exercício do poder soberano ligado à Razão de Estado.

A governamentalidade corresponderia, assim, ao desencadear de toda uma arte caracterizada pela heterogeneidade de autoridades e agências, empregando igualmente uma desmesurada variedade de técnicas e formas de conhecimento científico destinadas a avaliar e a melhorar a riqueza, a saúde, a educação, os costumes e os hábitos da população. Este modelo bio-político terá conhecido uma enorme aceleração a partir do século XVIII. Com efeito, o Estado moderno foi-se afirmando através de formas de notação, coleção, representação, acumulação, quantificação, sistematização e transporte de informação, alimentando-se ainda do propósito de reinventar permanentemente novas modalidades de divisão do espaço e do tempo social. Estas operações de poder-saber terão paulatinamente configurado um dispositivo ágil para o governo da nação no seu conjunto e disponibilizaram, da mesma maneira, critérios para o aperfeiçoamento ético. A verdade do Estado passou a ser a verdade produzida pela ciência e, assim, tudo o que esta enuncia remete directamente para relações de poder.

Quando falava em tecnologias do eu, Foucault referia-se a todo um conjunto de técnicas performativas de poder que incitaram o sujeito a agir e a operar modificações sobre a sua alma e corpo, pensamento e conduta, procurando vinculá-lo a uma atividade de constante vigilância e de adequação permanente aos princípios morais em circulação na sua época. A subjetivação, tal como nos apresenta o autor de *Vigiar e Punir*, envolve portanto exercícios de inibição do eu, ligados às dinâmicas políticas de governo e ao desenvolvimento de formas de conhecimento científico. A sociedade moderna ter-se-á, por essa via, transformado numa sociedade essencialmente disciplinar. É exatamente esta preocupação geral que anima a investigação foucaultiana dos últimos anos: analisar a formação do homem moderno através dos mecanismos por intermédio dos quais cada um se deve passar a relacionar consigo mesmo e a desenvolver toda uma autêntica arte de existência destinada a reconhecer-se a si como um determinado tipo de sujeito. E um sujeito cuja verdade pode e deve ser conhecida. Compreende-se assim como, para ele, a ética torna-se unicamente inteligível como um domínio da prática.

Genealogia da subjetivação e do cuidado de si

O projeto de uma *genealogia da subjetividade*, a que Foucault se dedicou nos derradeiros escritos, está também filiado na tensão essencial desencadeada pela governamentalidade: ela é o fio condutor que explica o vaivém entre as experiências pessoais e os saberes que se vão sedimentando em torno dos indivíduos. Em jeito de balanço: "eu quis fazer uma história da organização do saber tanto no que respeita à dominação quanto no que respeita ao sujeito ... Chamo de governamentalidade ao encontro entre as técnicas de dominação exercidas sobre os ouros e as técnicas de si" (1988b:785). A subjetividade seria assim o resultado das interações que se operam tanto nas situações de face a face como no trabalho interno que os indivíduos exercem sobre si mesmos. Mobilizou-se em produzir uma história que pudesse dar conta dos diferentes modos de subjetivação do ser humano na nossa cultura ocidental. O objetivo era aqui o de tentar perceber por intermédio de que práticas divisantes e tecnológicas o ser humano se transformou paulatinamente num *sujeito ético*. É pela análise das dinâmicas aí supostas que efetivamente poderemos compreender que as identidades são a um tempo coletiva e relacionais. Todo o jogo da "subjetivação" que Foucault procurou desvendar assenta sobre esta oposição: identificando o seu próprio nome como o nome de um sujeito particular, o ser humano está afinal a trabalhar sobre um conjunto de *alter* identificações. Escolho quase ao acaso algumas definições diferenciadoras ou categorias de ser: branco, mulher, aluno, anormal, homossexual, etc. São estas e outras identidades hegemónicas que estão na origem da relação do indivíduo consigo próprio, nos tipos de disposições e hábitos que vai inculcando. Podemos dizer que é por esse caminho que a governamentalidade se *inscreve* no corpo dos homens. O conceito central do projeto genealógico é o das "técnicas de si", ou seja, "os procedimentos, como eles existem sem dúvida em toda a civilização, e que são propostos ou prescritos aos indivíduos para fixar a sua identidade, a manter ou a transformar em função de um certo número de fins, e isto graças às relações de domínio de si sobre si ou de conhecimento de si sobre si mesmo". Numa palavra, trata-se de "substituir o imperativo do 'conhece-te a ti mesmo', que nos parece uma característica da nossa civilização, pela interrogação mais vasta: que fazer de si mesmo? Que trabalho operar sobre si? Como se governar?" (1981: 213)

Vejamos então as grandes linhas de uma genealogia do trabalho de subjetivação ética propostas por Foucault. As questões mais propriamente *ontológicas*, e que se prendem com o governo de cada um e dos outros, foram tratadas numa sequência que encadeia os prazeres e a *aphrodisia* na Grécia com os problemas da carne no primeiro cristianismo e, ainda, com as temáticas da sexualidade nas sociedades liberais. As matérias relacionadas com a *ascese*, com o modo como cada um trabalha sobre si, levaram-no a recensear e tratar – como complemento da confissão, instituição que remonta igualmente à cultura helenística e cristã – uma série de técnicas de si. Além de outras modalidades do auto-exame, analisou então o diálogo, a audição, a meditação, a reza, o treino da memória, os rituais de mortificação e a escrita diarística. Por seu turno, as posições *deontológicas* que ativam a subjetivação – as escolhas que se estabelecem em relação às normas e regras, por um lado, e o modo com se esclarecem as grandes opções do governo individual, por outro –, fizeram com que procedesse a um tratamento mais pormenorizado das seguintes modalidades existenciais: viver de uma maneira nobre e bela na Antiguidade Clássica submeter-se à lei de Deus no Cristianismo, tornar-se um ser racional na tradição kantiana, atingir a satisfação plena nas sociedades demo-liberais. Finalmente, as questões de tipo *teleológico*, concernentes aos propósitos e fins destas práticas, aos ideais-tipos que temos a esperança de nos adequar. E de novo nos surgem três grandes arquétipos: o autodomínio através da moderação na tradição greca, a salvação através da renúncia no mundo cristão e a emancipação do homem nos movimentos liberais.

O estabelecimento da gênese dos trabalhos sobre o *eu* que levou Foucault a conceber o grande projeto *História da sexualidade*, num arco temporal que o encaminharia, numa primeira incursão, do presente não só até ao século XVI – como aconteceu com os estudos sobre a governamentalidade – mas até a Antiguidade Clássica. Em seu entender, terá sido aí que, pela primeira vez, uma disciplina, no caso a filosofia, se deixou absorver pelas questões das *técnicas de si*. Estas abriram e configuraram um novo espaço de reflexão que se situava justamente a meio caminho entre "as instituições pedagógicas e as religiões da saúde" (1981: 215). Foucault defende que a permanente triangulação entre elas, tanto no plano dos discursos como no das práticas, está na base do conhecimento presente acerca do sujeito. Procurou então mostrar que uma primeira grande vertente da subjetivação se prende com a ética dos atos sexuais. A tese geral é que foi no período helenístico e romano, e não no cristianismo, como amiúde vemos escrito, que se "formulam os princípios do famoso esquema conjugal cuja história tem sido longa: exclusão de toda a atividade sexual fora da relação dos esposos, destino procriativo destes atos, em vez da finalidade do prazer, função afetiva da relação sexual na ligação conjugal" (1982b: 226). Mas há mais. Uma preocupação sistemática sobre as opções éticas para uma existência saudável tem posteriormente reiterado o princípio segundo o qual tanto as práticas sexuais como a mecânica própria do desejo se desenvolvam a luz de sentimentos de inquietude e desassossego. Todavia, o ponto fulcral não está em desvendar interdições ou sequer a dinâmica própria das punições; trata-se, antes, de tentar compreender a formação de uma certa racionalidade que vai envolver estes fenômenos. O controle do prazer cumpre-se no momento em que desencadeia e se implanta em cada sujeito uma *vontade de saber* relativa à sua sexualidade. Importa sempre que se deseje informar e que se aprenda a falar dela, com mais e mais detalhe (1981: 215).

As incursões de Foucault permitem-lhe concluir que foi o século XVII que começou a transformar numa regra para todos o que na idade clássica se aplicava apenas a uma elite filosófica e monástica: dizer a verdade sobre o sexo. De fato, a pastoral cristã fará do instrumento da confissão uma técnica que obriga a passar "tudo o que se relaciona com o sexo pelo moinho sem fim da palavra" (1994a: 25): o desejo é objeto de minuciosas descrições que utilizam um vocabulário não apenas rico e extenso como capaz de modificá-lo deslocar e reencaminhar para regiões inteiramente desconhecidas. Há sempre novos pontos de implantação. Verificamos que a ortopedia discursiva resulta das permanentes declarações a que cada indivíduo está, ao longo da sua existência, obrigado a fazer relativamente à elucidação dos significados de toda uma parafernália de conceitos criados e postos a circular por governantes e moralistas de origem variada, mas também por locutores especializados no saber médico, psicológico, pedagógico... O essencial, em matéria de sexualidade, está em registrar que os interesses espiritual e público devem coincidir com os prazeres individuais. Este efeito de poder concretiza-se na permanente assimilação do conteúdo de cada um dos conceitos que compõem a complexa tabela em que o sexo se vê classificado e hierarquizado. A aparelhagem criada pelos poderes não leva, portanto, à censura, contrariamente ao que seria de imaginar. O sexo e as patologias psico-sexuais discursificam-se ao detalhe na literatura médica e na própria voz dos destinatários dela.

Uma segunda vertente da história da subjetividade começa por ligar a regra da governamentalidade ao problema "do cuidado de si". Michel Foucault trabalhou esta prática – consagrada por Sócrates e hoje universalizada[1] – de forma igualmente genealógica, tentando assinalar não apenas os seus fundamentos históricos, mas, sobretudo, os diferentes espaços sociais onde ela se acolheu, ganhou corpo ou adquiriu novas roupagens. Em tese, defendeu que nós somos herdeiros de uma moral social organizada a partir de uma mudança maior. "Ocorreu uma inversão na hierarquia de dois princípios da Antiguidade, 'cuidar de si' e 'conhecer-se a si mesmo'. Na cultura Greco-romana o conhecimento de si apareceu como consequência do cuidado de si. No mundo moderno o conhecimento de si constitui o princípio fundamental" (1988b: 789). Trata-se de procurar compreender que caminhos históricos fizeram da cultura de si a ocupação moral por excelência. Foucault afirma que as reflexões e os juízos éticos sobre aqueles prazeres que ainda hoje transportamos ou reconhecemos, terão se organizado nos primeiros séculos da nossa era, mas insistiu na necessidade de afastar a análise da lógica dos sistemas de proibição. As transformações que afetaram esta prática moral não se prendem nem com um aumento da severidade, nem menos ainda com um adensar das interdições. Ao contrário, "a mu-

1. O tema do cuidado de si foi retomado pela filosofia posterior e acabou por ser transformado numa "arte da existência". Ora, explica Foucault, "é esse tema que, extravasando o seu quadro original e separando-se dos seus significados filosóficos primeiros, adquiriu progressivamente as dimensões e as formas de uma verdadeira cultura de si. Por essa expressão, é necessário entender que o princípio do cuidado de si adquiriu um alcance bastante geral: o preceito de que é necessário ocupar-se de si é, em todo o caso, um imperativo que circula entre numerosas doutrinas diferentes; assumiu também a forma de uma atitude, de uma maneira de se comportar, impregnou os modos de viver; desenvolveu-se em processos, em práticas e receitas que foram reflectidas, desenvolvidas, aperfeiçoadas; constitui assim uma prática social que deu lugar a relações interindividuais, a trocas e comunicações e por vezes mesmo a instituições; originou, finalmente, um certo modo de conhecimento e a elaboração de um saber" (1994c: 55).

dança incide muito mais no modo como o indivíduo deve constituir-se enquanto sujeito moral. O desenvolvimento da cultura de si produziu efeito não no reforço daquilo que poderia impedir a realização do desejo, mas em certas modificações que dizem respeito aos elementos constitutivos da subjectividade moral" (1994c: 81). Mas o trabalho da união consigo próprio foi-se implantando e concretizando a partir do modelo da posse e nunca a partir do da submissão. É fato indesmentível que o homem contemporâneo já está bem treinado nesta crença: "pertence-se 'a si', é-se 'seu'...; só se depende de si mesmo, é-se *sui juris*; exerce-se sobre si próprio um poder que nada limita nem ameaça; detém-se a *potestas sui*" (1994c: 79).

A ética tradicional, consubstanciada em formas externas de controle repressivo e coercivo, sofreu uma grande inflexão com a intensidade das relações a si. A modernidade continua um regime de tipo ascético que se materializa numa vigilância *permanentemente inquieta* não apenas sobre o estatuto do indivíduo, mas igualmente sobre o seu ser racional. A cultura de si implanta-se pelo reconhecimento de que a fraqueza e fragilidade, características da individualidade, se combatem através de princípios universais. Afirma-se a existência de uma verdade única – definida pela razão ou pela lei –, mas que deve ser decifrada por cada sujeito particular e confundida mesmo com o que ele faz. Foucault relembra que o ponto de chegada desta política de governo é definida pela "soberania do sujeito sobre ele próprio" (1994c: 82). Para que esse desiderato seja atingido, e o indivíduo aprenda a dominar-se sem as instantes perturbações do desejo, existe todo um "regime austero" dominado pelas "práticas da ascese", ou melhor, pelas "práticas de si": os "procedimentos de provação", os "exames de consciência", a "avaliação de uma falta em relação às regras de conduta" são atitudes constantes e globalmente observáveis em cada um de nós (1994c: 76). O exercício da aplicação a si próprio passa, em primeiro lugar, pela filtragem constante das representações – "uma técnica que encontrará o seu apogeu com Freud" (1988b: 802) –, através do qual o indivíduo deve recorrer à memória para circunscrever o seu campo próprio de ação: examina-se a si mesmo, infere quais os princípios que devem governar a sua vida e, é claro, sempre que disso se tratar, transforma-se no seu primeiro censor. Todo o exame interno deve avaliar a correspondência entre "os pensamentos e a realidade (Descartes), entre os pensamentos e as regras (Séneca) e entre a relação de um pensamento escondido e a impureza da alma. É com este terceiro tipo de exame que começa a hermenêutica de si cristã e o deciframento dos pensamentos íntimos. A hermêneutica de si funda-se sobre a ideia de que há em nós qualquer coisa de escondido, e que nós vivemos sempre na ilusão de nós mesmos, uma ilusão que mascara o segredo" (1988b: 810) A sucessão de remissões de autoridade que se acabam de fazer a tradições filosóficas e morais tão distintas, ao menos no tempo, pode à primeira vista tornar anacrônico o argumento. Mas a sua função é aqui a de reiterar o ponto de vista segundo o qual as derivações a partir do princípio do cuidado de si tiveram um alcance muito geral, bem para lá das doutrinas de origem. O importante estará em reconhecer que verdade e conhecimento de si são as duas faces da mesma moeda.

Estas práticas da identidade são, portanto, relacionais. O *ser* ou a *alma* só têm substância se entendidos como *trabalho*, como *atividade*. A grande interrogação histórica que o indivíduo *livremente-se-obriga* a fazer é esta: "a partir de que fundamento encontrarei a minha identidade?" (1988b: 791). O conhecimento que um elemento pode ter e fazer de si passa pela comparação ou articulação com um outro seu semelhante. O cuidado de si organiza-se, invariavelmente, pela realidade do espelho. Sendo certo que tal prática não se esgota apenas nas crianças e nos jovens em processo de socialização – apresenta-se, ao contrário, antes como uma incumbência, um dever permanente de toda a vida –, não é menos verdade que a relação a si próprio é especialmente treinada e reiterada pela relação pedagógica. De fato, os exercícios que aí se desenvolvem impelem sempre, seja através da escrita seja pela palavra, o cuidado consigo para a comunicação com o outro, designadamente o mestre e o colega. A introspecção exerce-se com um mecanismo de vigilância específico, pelo qual o indivíduo deve anotar as pequenas *nuances* do quotidiano e os estados de alma que inevitavelmente as acompanham. A experiência da escrita, a constante leitura e releitura de registros do tipo do de um diário, bem como o incitamento à sua verbalização, configuram um novo domínio de enunciação. E onde se julgava antes existir um exercício solitário introduz-se uma dinâmica política.

Todos estamos também certos de que esta hermenêutica de si só adquire uma dimensão social se for objecto de uma *verbalização* permanente. E se de alguma maneira for comunicada. A tomada de consciência dos pensamentos não se efetiva sem esta operação, absolutamente fundamental de entre todas as que envolvem o indivíduo. Com efeito, seja sob a forma oral ou escrita, esteja direcionada para o mestre, o padre, o médico ou o professor..., a figura da *confissão* aparece como a matriz mesma da socialização. Esta tecnologia confere ao ouvinte uma posição que lhe permite – ainda que o silêncio seja mesmo uma marca característica do confessor – afirmar um poder cujo efeito é, invariavelmente, de tipo discriminatório sobre a verdade de quem fala. Neste exercício relacional que adequa uma hermenêutica de si com os conselhos ganha corpo o famoso triângulo poder-saber-prazer foucaultiano.

As práticas éticas da conduta

Foucault sentencia que a liberdade é a condição ontológica da ética e que esta, por seu turno, é a definitiva forma assumida pela liberdade. A percepção de que o governo do Estado tem uma racionalidade autônoma traz consigo consequências muito importantes na forma como os membros de uma população são entendidos. No limite, é posta em causa a noção de que a condição natural dos homens é, antes de qualquer outra, a de súditos. Pelo contrário, traduzindo historicamente a figura da autonomia – e a enorme rotura que transporta no seu interior quando anula a fonte cosmo-teológica do poder político, bem como a regra paternalista na concepção do Príncipe –, a população será composta por *sujeitos livres*. Esta tese tem aliciado muitíssimo algumas correntes críticas do pensamento social (Dumm, 1996), apesar de Foucault não ter tido possibilidade de ir além das considerações que acabo de sintetizar. De todas as formas, é necessário precisar os termos em que se desenvolve a argumentação. Afirmar que o poder governamental assume a existência de um sujeito livre não significa que este circule no espaço essencial da liberdade, mas que os mecanismos de submissão ética – o olhar normativo dos outros, o trabalho disciplinar de uma variedade de *agências* estatais ou não, a introspecção, etc. – o deixam livremente fazer escolhas e, dessa forma, conduzir a sua existência, a sua conduta. Como nota Dean (1994a: 197), a expressão tem duas faces: por um lado, ser livre qualifica a relação de sujeição do *eu* com os outros ou consigo mesmo; por outro, a liberdade não está de modo algum determinada *a priori*.

As práticas éticas da conduta distinguem-se, portanto, e muito claramente, dos domínios da moralidade, enquanto sistemas universais de injunção e interdição. Referem-se, em vez disso, "a tipos específicos de aconselhamento prático, como os do modo em que cada um se deve preocupar-se consigo mesmo, fazer de si mesmo objeto de atenção e solicitude, conduzir-se de várias formas na existência do dia a dia" (Rose, 1996b: 30). A liberdade dos membros de uma população é vista, nestes termos, como mais um artefato da governamentalidade. A modernidade vai-se paulatinamente construindo tendo como referência crescente – ao lado da tecnologia de tipo disciplinar referida há pouco – as tecnologias e técnicas do *eu*. É certo que ambas se reforçam mutuamente, mas cada vez mais o exercício interno do poder passará pelo modo como as dinâmicas de governo vão equipando e calibrando os indivíduos. E estamos a falar de formas altamente sofisticadas de reflexão ética associadas à subjetividade (Hunter, 1993: 132; Burchell, 1996: 21). No fim de contas, os mecanismos poder postulam a necessidade maior da ação criativa dos atores.

Na sequência do trabalho pioneiro de Oestreich (1982), se aceita de forma consensual que foi o ressurgimento da cultura neoestóica romana, na virada do século XVI para o XVII, que primeiramente estabeleceu a distinção entre, por um lado, a ética secular de comando e, por outro, a obediência. À época a operação foi-se consubstanciando através do princípio segundo o qual "to obey meant not a mere abnegation or servitude of the will, but an active form of live conduct" (Gordon, 1991: 6). Uma reflexão sobre as relações entre poder e conduta – apresentadas sob a denominação de *governo jurídico* –, no último quartel do século XVII, e tendo como epicentro a filosofia política de John Locke, distende no tempo aquela perspectiva (Tully, 1993). E é sabido como o racionalismo das Luzes iria promover amplamente formas de objetivação que unificam a experiência prática e a moral na ação humana. De fato, como o demonstra detalhadamente Charles Taylor na sua longa reflexão em torno das facetas político-culturais que forjam a identidade da pessoa moderna – atendendo particularmente às dinâmicas da filosofia moral e o que elas têm em comum com as "spiritual intuitions of our contemporaries" (1989: 4) –, o cenário político pós-revolução francesa conformou todo um quadro civilizacional que viabilizaria a emergência de um tipo de cidadão definido essencialmente a partir da relação moral que pôde estabelecer consigo mesmo. Mas a matéria desta *arts* da auto-reflexão ultrapassava largamente as fronteiras do pensamento filosófico e do discurso liberal que surgiu a partir de finais do século XVIII; bem afastado dele, toda uma concepção dos indivíduos e das modalidades do seu governo moral articular-se-ia em textos mundanos, em campanhas de higiene, que incluíam a planificação urbana e dos edifícios públicos, em movimentos pela educação popular, em conselhos à família, etc.. Mais tarde, já durante a centúria de novecentos, estes repertórios da conduta seriam aprofundados preferencialmente em termos de autocontrole. Em *Powers of freedom*, Nikolas Rose (1999: 42-44) caracteriza as técnicas de si ou práticas de subjetivação da época como já inextrincavelmente ligadas ao autogoverno e ao autoconhecimento.

E como olhar para o homem da primeira metade do século XX de outra forma que não através da imagem pendular que nos devolve um cidadão acometido à satisfação das suas faculdades pessoais, mas também prisioneiro do vocabulário e das técnicas que o obrigam e o responsabilizam socialmente? De fato, estrutura social e subjetividade coincidem nele, posto que incorpora o que lhe é exterior e o que externaliza não é mais que a sua própria interioridade. Frisa Ian Hacking, "cada sujeito humano – você, eu – é um artefatos" (1986b: 235). Ainda que apresentado assim em linhas muito sumárias, este longo processo histórico demonstra fundamentalmente a constante organização de um campo de forças relacional. Trata-se, com efeito, da constituição lenta do *habitus*, num dos sentidos em que este conceito é trabalhado por Bourdieu: "como um sistema de disposições à prática, é um fundamento objetivo das condutas regulares, e por isso da regularidade das condutas..., o habitus é o que faz com que os agentes que o possuem se comportem de certa maneira em certas circunstâncias" (1986: 40). Seguindo este sociólogo francês, há, portanto que ver no *habitus* uma gramática efetivamente geradora de práticas assente tanto na circulação (i) das estruturas objetivas de comportamento (ii) como nas modalidades de improvisação aplicadas sobre as regras formais ou informais disponíveis.

Sem embargo, quem primeiramente chamou a atenção para a organização das modalidades *interdependentes* de comportamento, e bem ainda a sua respectiva inserção nos sucessivos palcos da história, foi Norbert Elias. Em *A sociedade dos indivíduos*, redigida ainda em 1939, o autor conduz uma investigação sobre a emergência dos problemas da consciência individual e da interioridade. Como o título logo deixa perceber, propõe-se aí superar a dicotomia fundadora da disciplina sociológica, reconhecendo que "o tipo de relação que existe entre a pluralidade e o homem singular, ao qual chamamos 'indivíduo', entre o homem individual e a pluralidade, à qual chamamos 'sociedade', não está atualmente de modo algum esclarecido". Partindo do pressuposto de que a "consciência que temos de nós próprios enquanto sociedade e a outra enquanto indivíduos, nunca encaixam uma completamente na outra", Elias desenvolve então um trabalho original procurando alcançar os pontos de "ligação" ou as "conexões de funções" que estão na base dos "padrões sociais de auto-regulação que cada homem tem de desenvolver dentro de si próprio" (1993: 14 e 16). Mas é fundamentalmente em *O processo civilizacional* que as suas configurações organizacionais e extra-organizacionais da ação individual são analisadas em termos históricos. Este trabalho mostra, em situações muito concretas, a fraqueza das explicações lineares que têm por base o vulgar antagonismo entre liberdade-determinismo. À medida que um maior número de pessoas sintoniza a sua conduta com a de outros, a teia de ações vai-se organizando igualmente de forma mais pertinente, porque assenta essencialmente numa economia caracterizada por autocoações. De outra forma: os mecanismos de controle individual são uma resposta ao aumento de densidade e complexidade das *networks* sociais. Nesta perspectiva da interdependência, a genealogia das práticas civilizacionais apresentada por Elias acompanha o desenvolvimento do aparato em que se fixa o trabalho do autor, evidenciando como as funções fisiológicas cederam o seu lugar às modalidades, cada vez mais abrangentes e totalizantes, de auto-regulação da vida pulsional e afetiva. Nas nossas *sociedades diferenciadas*, a preocupação retrospectiva e introspectiva é instilada no indivíduo desde a infância, tomando em parte a forma de uma autofiscalização consciente e noutra parte a forma de hábitos automáticos que lhe serão indispensáveis para a visão a longo prazo, e a permanente contenção que precisará na vida adulta. Estas combinatórias são multi-estruturadas; para a sua formação e reprodução participam, ao mesmo tempo, impulsos emocionais e racionais, funções pulsionais e do ego (Elias, 1990: 187-190 e 259).

O pensamento de um filósofo como Richard Rorty surge-me como absolutamente fundamental neste particular em que procuro reconciliar as exigências de um relativismo conceitual – ensaiando uma perspectiva teórica que não force os eventos às generalizações produzidas no presente – com as dinâmicas da experiência social. É conhecida a sua posição, longamente desenvolvida em *Contingência, ironia e solidariedade*, na defesa de uma cultura "historicista e nominalista" e traduzida no reconhecimento do que caracteriza como a contingência estrutural da linguagem, quer dizer, "o fato de não haver maneira de sair dos vários vocabulários que temos usado e de encontrar um metavocabulário que de algum modo dê conta de *todos os vocabulários possíveis*, de todas as maneiras possíveis de julgar e de sentir" (Rorty, 1994: 19). Para ele como para Hayden White, ou Chartier noutro registo, o mais importante está em deixar de lado uma consciência pré-linguística relativamente à qual todas as linguagens se tenham forçosamente de adequar. O sentido profundo do passado, a natureza intrínseca das coisas ou a verdade não estão à nossa frente como está o mundo. Não tem, assim, qualquer sentido continuar a usar um quadro de inteligibilidade marcado pela relação sujeito-objecto. A tese de Rorty é a de que "só as frases podem ser verdadeiras e que os seres humanos fazem verdades ao fazerem linguagens nas quais formulam frases"; os vocabulários são, portanto, "criações humanas, instrumentos para a criação de outros artefatos humanos" (1994: 31 e 82).

Rorty prolonga a leitura de Foucault – e exatamente como este já o havia feito em relação a Nietzsche – quando nos afirma que o dogma ocidental pós-revolução francesa levou à subsituição de Deus por uma obsessão maior em torno da verdade. Depois do século XVII, teremos tratado as descrições científicas como se fossem elas mesmas divindades e, a partir de finais da centúria seguinte, sobrepusemos àquele "um amor à nós próprios, [na] adoração da nossa própria natureza espiritual ou poética profunda" (Rorty, 1994: 45). De então para cá, têm-se aberto possibilidades infinitas de *redescrição* dos indivíduos. Embora caracterizadas pela leveza, elasticidade e concorrência tais narrativas identitárias levam a associar autoconsciência com autocriação. Remetem, invariavelmente, para a verdade do sujeito como correspondendo a uma construção sua (Marshall, 1998: 74). A verdade é simultaneamente uma obrigação racional e um trabalho relacional sem nenhuns *a prioris* que a possam definir. O conceito de redescrição é porventura a ferramenta que mais explica esta dinâmica das sociedades modernas.

Quero, ainda, reter aqui a interpretação que Rorty faz da obra de Freud. Terá sido este "moralista" que, pela primeira vez na história ocidental, referiu a linguagem contingente aos domínios da *moralidade* e da *consciência*, "como resultado histórico de se tornar literal aquilo que em tempos foram metáforas acidentalmente produzidas" (1994: 91). E estamos novamente de regresso ao argumento central deste trabalho. As fantasias idiossincráticas, conscientes ou inconscientes, que cada um transporta, têm origem nos acidentes e acasos – mais ou menos objetivados pela *verdade que a ciência fala*, como verificamos anteriormente – em que decorre a sua própria formação. A personalidade, segundo as perspectivas do fundador da psicanálise, outra coisa não é que um tecido de relações, uma sequência composta de colagens várias. A moralidade, que já vimos ser muito mais que um sistema de princípios gerais ou uma criação de gramáticos para formular juízos de conduta externos que se apensam ao homem, percebe-se por esta reflexão como uma prática e uma prática inteiramente *feita pelos falantes*. Ela é consequência da voz de nós mesmos, enquanto membros de uma comunidade, e não mais o reflexo de "uma porção divinizada da nossa alma". Os princípios morais não decorrem de nenhum imperativo categórico e "só têm sentido na medida em que compreendem uma referência tácita a toda uma gama de instituições, práticas e vocabulários de deliberação moral e política. São alusões, abreviaturas de tais práticas, e não justificações delas" (Rorty, 1994: 88-90).

A consciência é perspectivada da mesma maneira: como instrumento relacional que autoriza o actor a encontrar um lugar para si próprio no mundo, a reflectir e a rever as suas performances no jogo perpétuo da alteridade. "A autoconsciência", explica Giddens, "não tem primazia sobre a consciência dos outros, uma vez que a linguagem – que é intrinsecamente pública – é o meio de acesso a ambas. A intersubjetividade não deriva da subjetividade, mas sim o contrário" (1994: 45).

Pela mesma ordem de razões, regresso a Ian Hacking. Quero reportar-me agora às suas considerações sobre a *memória* e ao conceito conexo – claramente de inspiração foucaultiana – de *memoro-politics*. Este permite-lhe ver desenhar-se, também no cenário pós-revolução francesa, uma aliança estratégica entre a ciência psicológica e psiquiátrica com outras forças seculares modernizantes na luta pela conquista à igreja do monopólio do *governo da alma*. Não me interessam aqui tanto os termos desse debate em que, através dos estudos sobre a amnésia, os cientistas pretendiam provar a inexistência de qualquer substância espiritual, e nessa medida passaram a associar a alma à superstição e ao mito. Procuro antes ver outro tipo de ligação. Aquela em que, mais tarde, por finais do século XIX, os mesmos cientistas da memória, e os terapeutas que lhes estão associados, vêm permitindo que a concepção do passado de cada sujeito – quer dizer exactamente: a sua verdade identitária – possa ser alvo de uma reelaboração, e de uma reelaboração institucionalmente reiterada. A ideia de Hacking aqui é a de que as palavras que utilizamos para descrever a experiência não são apenas rótulos para fatos mentais pré-determinados. O que nos procura transmitir é que tanto o conteúdo como a qualidade sensorial de uma qualquer prática social é significativamente condicionada pelas palavras que utilizamos para a descrever. O mesmo se passa com as relações estabelecidas entre a consciência e as autonarrações. Um contexto, como por exemplo o da relação psicoterapêutica, pode mudar – pela indução de novos termos vocabulares – tanto a qualidade como o significado mesmo das experiências pretéritas. Hacking, na sua posição nominalista, afirma que a questão de saber se uma coisa realmente aconteceu permanecerá sempre indeterminada. Todavia, acrescenta, é a sua redescrição no presente que conta como verdadeira. Quer dizer: a verdade não está *no* passado mas há sempre uma verdade *sobre* o passado (Hacking, 1995: 249-250)

A crítica genealógica

E novas perguntas supõem igualmente um outro tipo de posicionamento metodológico. Convenço-me que o método genealógico de Foucault – apresentado atrás como uma história da subjetivação

– nos pode ajudar a questionar e a relativizar aquelas verdades que uma tradição muito arraigada nos habituou a não pôr em questão. Na sua vocação eminentemente crítica, a genealogia tem por objetivo fornecer-nos uma história do presente e dessa forma leva-nos a pensá-lo de forma radicalmente diferente: o que é estranho e distante torna-se por essa operação familiar; e, na inversamente, o que na atualidade é um dado natural torna-se estranho depois de uma análise de tipo genealógico. O presente é visto pelas suas condições de possibilidade e é por este caminho que se pode enfatizar a complexidade, contingência e fragilidade na análise dos eventos históricos. A tarefa genealógica distingue-se da empreendida pela historiografia tradicional porque evita tanto o desejo de encontrar a essência metafísica de um objeto, a gênese ou a fonte que o faz brotar para a vida, assim como uma explicação assente em formas estáveis ou em continuidades ininterruptas e lineares. Ao contrário, a genealogia procura estabelecer a *proveniência* das variadas práticas discursivas que informam a nossa matriz identitária, dando para isso a maior atenção às dinâmicas locais, às descontinuidades temporais, aos acidentes fatuais. É dessa matéria que Foucault (1971: 141) trata no conhecido texto *Nietzsche, la généalogie, l'histoire* quando nos informa que a regra da proveniência permite dissociar o *eu* ou a *alma* – e o mesmo se há-de passar com qualquer outro conceito – e, no lugar de uma análise redutora, desenhar então uma interpretação historiográfica que faça efetivamente proliferar à volta de qualquer sujeito histórico várias cadeias acontecimentais. As narrativas deste tipo não funcionam primeiramente como ilustrações empíricas de um argumento teórico; em vez disso, são relatadas histórias específicas porque se parte do pressuposto que elas podem conter as multímodas ligações e a diversidade das linguagens que historicamente envolvem a pessoa (Minson, 1985: 17). O genealogista evita a procura do profundo ou a tentação maior de desenterrar o escondido. Preocupa-se, antes, em registar as superfícies sobre a qual os acontecimentos se dispersam, porque acredita que dessa forma pode detetar os detalhes – as mudanças sutis e os contornos breves – em que se plasmam as grandes recorrências espaço-temporais. As linhagens históricas que este método estabelece parecem demonstrar-nos que os segredos mais significativos se encontram, afinal, à tona da água (Dreyfus & Rabinow, 1982: 106-107).

São evidentes as profundas motivações críticas desta metodologia. Foucault inspira-se em Nietzsche para quem uma *genealogia da moral* deve, "com perguntas totalmente novas", conseguir pôr desassombradamente em questão "o próprio valor dos valores" que levaram o homem a inventar os "seus juízos avaliativos de bom e mau". A sua questão de partida é a de averiguar que *importância* têm em si mesmos, ou seja, se historicamente "terão inibido ou promovido o desenvolvimento do homem". Claramente, Nietzsche vê consagrar-se no espaço político liberal não a defesa da liberdade individual mas, às avessas, o lugar de competição e de tradução de várias "vontades de poder" pela supremacia hegemônica. Não aceita portanto que se tomem os valores liberais "como coisa dada, como fato, como estando para além de toda a possibilidade de os pôr em questão". Fala mesmo de "uma influência paralisante" que no mundo moderno o "preconceito democrático" tem exercido sobre todas as questões que dizem respeito às investigações de vocação genealógica. Empreende então, um movimento em direção a essas "outras paragens longínquas e ocultas" com o fito de conhecer as "condições e circunstâncias" que "deram crescimento" às crenças actuais. Num esforço que procura não tanto a origem (*Ursprung*) mas a proveniência (*Herkunft*), a moral que Nietzsche quer analisar é a que "verdadeiramente existiu", a "efetivamente vivida", e não a da lei em que ela se foi sucessivamente codificando. Ora, o princípio da proveniência leva-lo-á a uma avaliação, senão totalmente invertida, ao menos bem diversa da empreendida pelos historiadores do seu tempo: "todas as coisas boas foram noutro tempo coisas más; cada pecado original deu lugar a uma virtude original". A ideia central do pensamento nietzschiano é, portanto, a de que a moral se constituiu historicamente, ao menos desde Platão, não como correspondendo a um ideal verdadeiro mas com base num "*pathos* da distância", por intermédio do qual os "bons, isto é, os nobres, os poderosos, os homens de condição e espírito superior, que se consideraram a si próprios bons, que entenderam serem boas as suas ações", se atribuíram a si próprios "o direito de criar valores e de cunhar o nome desses valores". Descobre então a moral, simultaneamente, como *consequência* – "sintoma, máscara, tartufice, doença ou equívoco" – e como *causa*, quer dizer, "remédio, estimulante, limitação, veneno" (Nietzsche, 2000: 10, 14-15, 21, 24 e 137).

O que Nietzsche em seguida põe a nu são os mecanismos – ideológicos, como se diria numa certa tradição intelectual posterior e em que o autor de *Para além do bem e do mal* por certo se não haveria de rever – pelo meio dos quais a opressão e a submissão mesmas passaram a ter a aparência histórica do autoconsentimento, quer dizer, de um impulso que corresponde a uma vontade, e uma vontade livremente assumida por cada um dos atores. De fato, as páginas de *Para a genealogia da moral* são inteiramente consagradas ao propósito de desconstruir a existência desse *a prior* civilizacional ou, na sua própria terminologia, de um *substrato neutro* que, por detrás de cada ser humano, lhe facultaria a opção de poder escolher entre manifestar ou não a sua força, na presunção paradoxal de que o forte é sempre livre de ser fraco. A liberdade é, para Nietzsche, a crença sobre que assenta a *mentira* maior da nossa civilização e a *alma* o ponto em que ela efetivamente se estrutura. Na permanente da consagração e exaltação das fraquezas do fraco, os longos reportórios de uma moral virtuosa-renunciadora pretendem manter adormecida a *vontade de poder* que, de outro modo, irromperia violenta a partir do interior da enorme massa dos indivíduos absolutamente submetidos aos regimes dominados por uma minoria assaz minoritária.

Tome-se então a psicanálise como caso-limite da afirmação da *scientia sexualis* e das tecnologias de governo da alma na modernidade. Vimos atrás que Foucault intenta na *História da sexualidade* mostrar como desde tempos longínquos se foi tornando obrigatório o princípio de dizer a verdade sobre o sujeito, e que sobretudo essa verdade se expressa pela discursificação da sua sexualidade. Ora, se esta é igualmente a tese fundadora da psicanálise, então é porque a psicanálise continua e canibaliza o imperativo cristão segundo a qual as temáticas sexuais se verbalizam no confessionário. Esta prática é, pois, *a* condição para a salvação-cura do sujeito. Nestes termos, e mais do que mostrar o caráter repressivo ou de negar o valor da psicanálise, Foucault procura filiá-la nas condições de possibilidade ampliadas pelo cristianismo, pondo desse modo em causa a convicção generalizada de que Freud teria *inventado* uma nova tecnologia do *eu*, quando ele mais não fez do que reificar, na modernidade, uma fórmula velha de séculos. O cenário ético do *talking-cure* psicanalítico emergiria assim como uma variante última a cumular um longuíssimo processo de anatomização política do corpo, iniciado na Antiguidade, em torno da tecnologia da carne, reformulado mais tarde pela pastoral cristã e, depois do século XVI, aprofundado pelas tecnologias de tipo bio-populacional (Bevis, Cohen & Kendall, 1989: 325). Há, outrossim, uma filiação menos remota e que devo explicitar porque ela faz associar as práticas socializadoras da confissão com dinâmicas institucionalizadas de poder-saber: a psicanálise incorpora igualmente elementos oitocentistas da nascente *ciência psicológica* e do *asilo*, instituição esta que combina, por seu turno, componentes herdados do *hospital* e de outras práticas de cura criadas no século XVII, a partir a figura clássica do *internamento*. Numa palavra, a psicanálise perpetua um movimento de longa duração, a um tempo teórico e prático, para o qual convergem historicamente os (i) rituais confessionais de caractér subjectivo, as (ii) modalidades institucionais de separação social dos portadores de *deficiência* moral, as (iii) teorias anti-behaviouristas da personalidade usadas em terapias alternativas à medicina convencional e, por fim, as (iv) formas governamentalizadas de autognose, muito saturadas de argumentos e explicações retiradas da sexologia.

Mas a psicanálise também traz consigo elementos que aprofundam, transformam e dão mesmo novos sentidos aos legados do passado. É o que se passa emblematicamente com as temáticas da sexualidade infantil. De fato, "children's sexuality before Freud was simultaneously held to be non-existent, illicit and unmentionable"

(Minson, 1985: 31-32). É certo que, numa fase anterior à psicanálise, as psicopatologias infantis tinham já sido analisadas pela literatura médica e também alvo da atenção de educadores, pais, arquitetos, etc. Este movimento consubstanciou-se e foi-se revonando em sucessivas campanhas de profilaxia social, designadamente contra o incesto e a masturbação. Porém, a sexualidade das crianças era ainda aí submetida a um regime essencialmente censório-proibitivo, porque única e exclusivamente associada ao desvio. Freud, pelo contrário, sublinhará a existência de uma sexualidade infantil bem como a produtividade da sua continuada discursificação. E o certo é que, depois dele, as temáticas do governo da sexualidade e do corpo se vêm crescentemente afirmando como das mais privilegiadas no quadro das várias tecnologias do *eu* que, no presente, vemos serem ativadas no interior das instituições responsáveis pela socialização das crianças e dos jovens.

Na sua mensagem libertadora, a psicanálise fornece-nos paradoxalmente uma ponte direta para as sociedades disciplinares do nosso tempo, nas quais as estratégias de normalização se distendem e direcionam para o interior de fronteiras cada vez mais íntimas da vida social. A crítica genealógica – ou a história do presente – desemboca numa visão da atualidade em que as formações de tipo burocrático, com os seus agentes propugnando por formas do controle coercivo, se fundem estrategicamente com as práticas individualizadoras, filhas estas das teses humanistas que verberam todo o tipo de intervenção repressiva. Com efeito, ambas as tradições concorrem diretamente para a conformação padronizada do sujeito – aquele interioriza os códigos morais das virtudes cívicas, se mantém disperto e autovigilante em tudo o que diga respeito à delinquência, à doença mental ou à perversão sexual latentes, sempre à espreita.

Conclusão

Em Foucault, e nas derivas que fiz visitando outros autores, deixei vincado como a análise das *práticas éticas* devem ganhar a primazia na explicação, deixando definitivamente para trás as habituais interpretações baseadas apenas ora na *denúncia* dos mecanismos de tipo repressivo ora na codificação jurídico-formal da moral. Pudemos igualmente ver nessa mutação o aparecimento de uma metodologia historiográfica assente nas morfologias de governo que relacionam, em processos linguísticos complexos, a auto-estilização e a autoconsciência com a formação política de cidadãos no interior das comunidades liberais. Por junto, isto implica que o sujeito não seja tratado como tendo uma substância ou, na inversa, como apenas mais um espaço construído de forma linear a partir de um *de fora*. Deve, em seu lugar, ser percebido e analisado como *forma*, mesmo que se esteja a tratar do que possa ser entendido como a *verdade* da sua consciência e memória. Estando a inteligibilidade das almas e das vidas assim tão dependente dos domínios cruzados das práticas discursivas, isso significa que a sua constituição, moldagem e deslocamento vão permanentemente colocando os indivíduos no estado de uma permanente *dissociação* no espaço da modernidade.

O traçado genealógico apresentado por Foucault tem implícita esta forma de posicionamento radical. Mas é preciso clarificar o que está aqui em causa: o seu projeto não tem em vista o propósito de denunciar a falsidade; diversamente, o que a mobiliza é a descrição, ainda que fragmentária, dos modos como historicamente se operou a constituição da verdade. Portanto, não trata do *Por que*, mas antes do *Como*. Nestes termos, Foucault consubstancia uma crítica aberta aos ideais de autoconsciência e reflexividade que tem marcado uma parte significativa do pensamento social na época moderna e que perpassa, porventura de forma mais notória, na obra de Hegel, Mill ou Freud. Nestes autores está cristalizada a ideia otimista da construção de um futuro no qual todos os impulsos que governam o *eu* e, ao mesmo tempo, as forças que governam a ordem se possam tornar transparentes para os actores aí implicados. O modelo de sociedade de que nos falam estes intelectuais pressupõe, ainda que com matizes notoriamente distintas, a existência de sentimentos universais de comunidade, de legitimidade e liberdade, os quais remetem para um grau elevado de consciência que os participantes devem possuir dos princípios da ação social, por um lado, e para a internalização tranquila das premissas que marcam a sua própria conduta, por outro. Ora, e como nota Connolly (1987: 108), Foucault vê nesta idealização do coletivismo e da consciência individual uma dupla forma de tirania. E até mesmo uma armadilha. Com efeito, pretende demonstrar-nos que a norma da reflexividade obriga os sujeitos a situarem-se invariavelmente debaixo do controle estandardizado da razão e da moral. As suas descrições genealógicas, no campo por exemplo, das interações de tipo confessional, dão conta de processos circulares por meio dos quais as diferentes autoridades terapêuticas traduzem primeiramente os sonhos, desejos e angústias dos actores para uma lexicologia clínica e, em seguida, devolvem-lhos sob a forma de um programa que os há-de libertar. A conhecida afirmação de Foucault, de que o homem ocidental se foi progressivamente transformando num animal confessional, remete diretamente para a introdução das temáticas da liberdade e da consciência na órbita da normalização. Tudo se passa como se ele tenha atrás de si uma longa aprendizagem de autogoverno materializada numa capacidade de se identificar com as narrativas de emocionais que se dispõem em seu redor.

Referências Bibliográficas

Bevis, Phil, Cohen, Michèle & Kendall, Gavin (1989). Archaeologizing genealogy: Michel Foucault and the economy of austerity. *Economy and Society*, 18 (3), 323-345.

Connolly, William E. (1987). *Politics and ambiguity*. Madison: The University of Wisconsin Press.

Dreyfus, Hubert L. & Rabinow, Paul (1982). *Michel Foucault*: Beyond structuralism and hermeneutics. Chicago: The University of Chicago Press.

Elias, Norbert (1990) [1939 a 1ª edição em alemão]. *O processo civilizacional*. II Vol. Lisboa: D. Quixote.

Elias, Norbert (1993). *A sociedade dos indivíduos*. Lisboa: D. Quixote.

Foucault, Michel (1969). *L'archéologie du savoir*. Paris: Gallimard.

Foucault, Michel (1971). Nietzsche, la généalogie, l'histoire. In *Dits et écrits (1970-1975)*, (pp. 136-156).Vol. II. Paris: Gallimard.

Foucault, Michel (1978a). La 'gouvernementalité. In *Dits et écrits (1976-1979)*, (pp. 635-657).Vol. III. Paris: Gallimard.

Foucault, Michel (1978b). Securité, territoire et population. In *Dits et écrits (1976-1979)*, (pp. 719-723).Vol. III. Paris: Gallimard.

Foucault, Michel (1979). Naissance de la biopolitique. In *Dits et écrits (1976-1979)*, (pp. 818-825).Vol. III. Paris: Gallimard.

Foucault, Michel (1980). Du gouvernement des vivants. In *Dits et écrits (1980-1988)*, (pp. 125-128).Vol. IV. Paris: Gallimard.

Foucault, Michel (1981). 'Omnes et singulatim': vers une critique de la raison politique. In *Dits et écrits (1980-1988)*, (pp. 134-161).Vol. IV. Paris: Gallimard.

Foucault, Michel (1981). Le sujet et le pouvoir. In *Dits et écrits (1980-1988)*, (pp. 222-243).Vol. IV. Paris: Gallimard.

Foucault, Michel (1984a). Preface à l'Histoire de la sexualité. In *Dits et écrits (1980-1988)*, (pp. 578-584).Vol. IV. Paris: Gallimard.

Foucault, Michel (1984b). L'éthique du souci de soi comme pratique de la liberté. In *Dits et écrits (1980-1988)*, (pp. 708-729).Vol. IV. Paris: Gallimard.

Foucault, Michel (1984c). L'intellectuel et les pouvoirs. In *Dits et écrits (1980-1988)*, (pp. 747-752).Vol. IV. Paris: Gallimard.

Foucault, Michel (1988a). Vérité, pouvoir et soi. In *Dits et écrits (1980-1988)*, (pp. 777-782).Vol. IV. Paris: Gallimard.

Foucault, Michel (1988a). Les techniques de soi. In *Dits et écrits (1980-1988)*, (pp. 783-813).Vol. IV. Paris: Gallimard.

Foucault, Michel (1988b). La technologie politique des individus. In *Dits et écrits (1980-1988)*, (pp. 813-828).Vol. IV. Paris: Gallimard.

Foucault, Michel (1991) [1968 a 1ª edição em francês]. Politics and the study of discourse. In G. Burchell, C. Gordon & P. Miller (Eds.). *The Foucault effect: studies in governmentality* (pp. 52-72). London: Harvester Wheatsheaf.

Foucault, Michel (1994a) [1976 a 1ª edição em francês]. *História da sexualidade: A vontade de saber*. Vol. I. Lisboa: Relógio d'Água.

Foucault, Michel (1994b) [1984 a 1ª edição em francês]. *História da sexualidade: O uso dos prazeres*. Vol. II. Lisboa: Relógio d'Água.

Foucault, Michel (1994c) [1984 a 1ª edição em francês]. *História da sexualidade: O cuidado de si*. Vol. III. Lisboa: Relógio d'Água.

Foucault, Michel (1997 [1971 a 1ª edição em francês]. *A ordem do discurso*. Lisboa: Relógio d'Água.

Foucault, Michel (1999) [1977 a 1ª edição em francês]. *Vigiar e punir*. Petrópolis: Vozes.

Hacking, Ian (1979). *Representing and intervening: Introductory topics in scientific tradition and chance*. Chicago: Chicago University Press.

Hacking, Ian (1986a). Making up people. In Thomas C. Heller, Morton Sosna, David E. Wellbery (Eds.), *Reconstructing individualism: Autonomy, individuality and the self in western thought* (pp. 222-236). Stanford: Stanford University Press.

Hacking, Ian (1986b). Self-improvment. In David Couzens Hoy (Ed.). *Foucault: A reader* (pp. 235-240). Oxford: Blackwell.

Hacking, Ian (1990). *The taming of chance*. Cambridge: Cambridge University Press.

Hacking, Ian (1995). *Rewriting the soul: Multiple personality and the sciences of memory*. Princeton: Princeton University Press.

Minson, Jeffrey (1985). *Genealogies of morals: Nietzsche, Foucault, Donzelot and the eccentricity of ethics*. New York: St. Martin's Press.

Nietzsche, Friedrich (2000) [1887 a 1ª edição em alemão]. *Para a genealogia da moral*. Lisboa: Relógio d'Água.

Oestreich, Gerhard (1982). *Neostoicism and the early modern state*. London: Cambridge University Press.

Rorty, Richard (1989). Identité morale et autonomie priveé. In AAVV, *Michel Foucault philosophe* (pp. 385 – 394). Paris: Seuil.

Rorty, Richard (1994) [1989 a 1ª edição em inglês]. *Contingência, ironia e solidariedade*. Lisboa: Editorial Presença.

Rose, Nikolas (1985). *The psychological complex: Psychology, politics and society in England, 1869-1939*. London: Routledge.

Rose, Nikolas (1990). *Governing the soul: The shaping of private self*. London: Routeledge.

Rose, Nikolas (1996a). The death of the social? Re-figuring the territory of government. *Economy and Society*, 25 (3), 327-356.

Rose, Nikolas (1996b). *Inventing our selves: Psychology, power and personhood*. Cambridge: Cambridge University Press.

Rose, Nikolas (1996c). Power and subjectivity: Critical history and psychology. In Carl F. Graumann & Kenneth J. Gergen (Eds.), *Historical dimensions of psychological discourse* (pp. 103-124). Cambridge: Cambridge University Press.

Rose, Nikolas (1998a). Life, reason and history: Reading Georges Canguilhem today. *Economy and Society*, 27 (2-3), 145-170.

Rose, Nikolas (1998b). Governando a alma: a formação do eu privado. In Tomaz Tadeu da Silva (Org.), *A pedagogia construtivista e outras formas de governo do eu*. (pp. 30-45). Petrópolis: Editora Vozes.

Rose, Nikolas (1999). *Powers of freedom: Reframing political thought*. Cambridge: Cambridge University Press.

Taylor, Charles (1989). *Sources of the self: The making of modern identity*. Cambridge, Massachusetts: Harvard University Press.

Tully, James (1993). Governing the conduct: Locke on the reform of thought and behaviour. In *An approach to political philosophy: Locke in contexts*. Cambridge: Cambridge University Press.

La autobiografía forma de escritura de la vida para el conocimiento de sí

Rosa María Torres Hernández

Introducción

El trabajo de construcción de autobiografías se apoya metodológicamente en el seminario que coordino desde el año 2001 en la Universidad Pedagógica Nacional de México. En él participan estudiantes de posgrado de diversas universidades interesados en discutir la perspectiva biográfica en el ámbito de la investigación educativa. Si bien el propósito central del las sesiones de seminario es analizar el potencial de tal perspectiva para el desarrollo de su tesis, también es cierto que tal fin sería difícil de lograr sin establecer un grado de implicación que posibilite a los asistentes comprenderse en su trayecto de vida en relación con su práctica docente.

Sabemos que escribir una autobiografía enfrenta el reto de dar unidad y coherencia a una vida, de tal suerte que la grafía de la vida no es efecto de sentido sino, más bien, un proyecto siempre previo de donación de sentido. Los estudiantes realiza un trabajo de análisis de la memoria, se relaciona con su pasado donde existen tensión -quizá una y otra vez repetidas- que tendrá que estructurar entre la indeterminación de los hechos y la configuración en una trama.

Se trata de examinar los lazos objetivos entre pasado y presente (un presente abierto realmente al futuro), empero, de igual manera se consideran las forma las subjetivación en las relaciones consigo mismo, con otros y con las instituciones, las entidades sociales, los acontecimientos y los personajes que las trayectorias históricas. Las autobiografías pueden revelar, entonces, la conexión imaginaria que mantienen los sujetos con su situación social presente, esto es, de todo aquello que se cree, se imagina y se proyecta. (Erikson, 1969; Denzin, 1989).

Para que se produzca la narrativa biográfica debe haber un tema existente en el tiempo, este es, en última instancia, el yo. No obstante, la vida personal es producto de la interacción de factores psicológicos, sociales, ideológicos y culturales (Dominicé, 1990, 2006; Bolivar, 2001; Dosse, 2007), no es monolítica, ni unívoca, corresponde a una trama de densa de huellas y sentidos. "Una historia de vida se construye en la interacción constante entre la influencia de las estructuras sociales tal como el individuo las reencuentra y las estructuras psíquicas, que absorben estas influencias". (de Gaujelac, 2005, p. 35).

Escribir la autobiografía no es tarea fácil, por ello se utilizan diversos dispositivos como: la genealogía familiar, la novela familiar, las gráficas de satisfacción de vida, el modelaje, el epistolario, etc. Los dispositivos favorecen la implicación para que fluya la historia de vida y la grafía, invitan a que cada uno se autorice a decir o no su historia para sí y para los otros. Asimismo, permiten que las historias personales entren en resonancia con los otros.

Mi función en el seminario es de dar soporte a todo aquel que quiere externar su historia y aportar elementos teóricos tanto de la perspectiva biográfica como de la práctica docente que fungen, de igual manera, como portadores de los sentidos que se van desplegando a lo largo de las sesiones de trabajo.

Sin embargo, no basta con estos soportes es indispensable el grupo, este posibilita la comprensión de la relación con los otros. El grupo actúa:

— *como un entrecruzamiento de múltiples dimensiones* (social, ideológica, política, institucional, técnica, organizacional, personal) *y de diversos registros* (en el nivel simbólico, imaginario y real); (...)

— *como un trayecto compartido que da lugar* a su vez a que cada uno de sus integrantes realice su *propia trayectoria de formación en virtud de su proyecto profesional.* Dando respuesta a la formación desde la diversidad y no desde la uniformidad.
— *como un espacio transicional* que permite transformaciones, cambios, desarrollos que forman parte de él. (Souto, 1999, p. 52).

La profundidad y extensión de la escritura de los participantes obedece, entre otras cosas, a la implicación, la edad, el género, la etapa de la vida, la experiencia de contar su vida, el tipo de objeto que se aborda en la tesis. Además debemos considera el señalamiento de Bruner (2003).

Ninguna autobiografía es completa, sólo se la puede terminar. Ningún autobiógrafo puede sustraerse a la pregunta: ¿de qué Yo trata la autobiografía, desde qué perspectiva está compuesta y para quién? La autobiografía que efectivamente escribimos no es más que una *versión*, un modo de conseguir la coherencia. La autobiografía también transforma al escritor experimentado en un *Doppelgänger* y sus lectores en mastines. ¿Cómo puede una autobiografía, en no importa qué versión, alcanzar un punto de equilibrio entre lo que efectivamente hemos sido y lo que hubiéramos podido ser? Y sobre este supuesto equilibrio jugamos con nosotros mismos. (p. 108).

En el seminario se invita a reconstruir "la vida" a partir de los elementos socio-históricos, simbólicos y psíquicos. Se crean las condiciones para distanciarse y acercarse a la historia vivida alternando formas de expresión verbal y no verbal (modelaje o música), esa combinación posibilita construir, de manera paulatina, lo verbal o textual sin menoscabo del surgimiento de la imaginación y lo no pensado.

La hipótesis del seminario consiste en reconocer el potencial de la identidad narrativa (Ricouer, 2000). "Se trata del sujeto que no sólo construye un discurso intersubjetivo con el Otro (como orden simbólico) y el otro, donde el sujeto no es un signo unívoco y definitivo, sino el cruce mutable de significados". (Torres, 2008, p. 116). Esa encrucijada es, como señala, Kristeva (2001) una revuelta, así como, una re-vuelta. Todo aquel que comparte el espacio del seminario se coloca en un tiempo de rememoración, interpelación, imaginación y pensamiento; se interroga y desplaza al pasado desde el presente, sabiendo que la producción de futuro depende en gran parte esto. La revuelta representa un buscarse y volver a decir. El relato de la vida es "...la re-vuelta regenerativa contra la antigua Ley (prohibiciones familiares, superyó, ideales, límites edípicos o narcisismos, etc.) adviene la autonomía singular de cada cual así como su vínculo renovado con el otro". (Kristeva, 2001, p. 16).

Por tanto, la narrativa que hacen los docentes integrantes del seminario permite el reconocimiento de la elaboración y los procesos-proyecto por los que los sujetos transitan en su formación en ese ser-estar-en-el mundo singular-plural que señala Jasso (1999). Esto es así porque los sujetos se les induce a construir una autobiografía desde su experiencia personal pero sin descuidar los componentes colectivos; sea, por ejemplo: los parientes (los "otros próximos"), los allegados, los compañeros de trabajo, etc. O bien, con las instituciones, los ritos o los espacios culturales.

En sentido estricto se trata de animar a que el sujeto escriba bajo la perspectiva más allá de la individualidad, que exprese la pertenencia a grupos, cultura, historia social e instituciones. "El relato es expresión de estas tres dimensiones esenciales de la identidad: es a la vez expresión de los deseos y las angustias inconscientes, de la sociedad a la cual pertenece su autor y de la dinámica existencial que la caracteriza". (de Gaujelac, 2005, p. 30).

Grupo-Familia

En el seminario los estudiantes redescubren su historia, la piensa y se piensa. Un componente esencial en ese redescubrimiento es la familia. Abordamos el papel de la familia en un triple sentido, como: las "memorias de familia", la familia como grupo instituido y la novela familiar.

— Las "memorias de familia" se refiere la grafía personal acerca de la comunidad primaria que orienta la transmisión de valores culturales, "...la manera más común de la vida relacional es la historia vista a través del lente de su relación con otra persona clave, algunos veces un hermano, amigo o amante; pero con mucha frecuencia, un familiar que podemos llamar el "otro-próximo" (*proximate other*), para significar la íntima relacional con el autobiógrafo". (Eakin, citado por Arguello, 2009, p. 151).
— La familia como grupo instituido (grupo-familia) remite a los vínculos intersubjetivos y las inscripciones en lo generacional a partir de la filiación, es en el grupo instituido donde se despliegan los ideales y las identificaciones (Carel, 1998). La narrativa autobiográfica da cuenta de la transición de los ciclos de vida del juego intergeneracional y vincular. Esos juegos se traducen en algunas ocasiones en "maneras de hacer" que tienen como sustrato los mitos familiares, pero también integración las tradiciones y costumbres como práctica cotidianas no reflexivas (Cicchelli-Pugeault y Cicchelli, 1999; Jelin, 2001).
— En lo que toca a la novela familiar, se hace presente en la autobiografía como expresión de la fantasía infantil o adolescente que pretende modificar los lazos con los padres, esas formas imaginativas en las que las personas se crean una familia que sirve para el autoencubrimiento de los deseos, así como, para el rechazo de cualquier atisbo de incesto con los hermanos (Freud, 1995).

En esta perspectiva presentamos las historias de dos profesoras normalistas, en las que se destacan: la relación parental y con los "otros próximos"; los mitos familiares, las identificaciones e idealizaciones. Se analizan las autobiografías a partir de dos interrogantes ¿cómo la familia se conforma un andamiaje para llegar a ser docente? y ¿cuáles son los aspectos sustantivos para la concreción del un proyecto, en este caso, "seré docente"?

La Historia de Angélica

Angélica estudiaba el doctorado en educación, es licenciada en educación básica y maestra en desarrollo educativo. Labora en la Universidad como docente del pregrado y el posgrado. Vive en una de las entidades federativas de México. Su madre, Esther, casó con su padre a los 17 años en "una bonita fiesta de matrimonio", fue una mujer emprendedora, ayudó a la manutención de la familia con la venta de: ropa, joyas, abarrotes, comida, etc. Según Angélica "...no ha sido del todo feliz, a veces mi padre la ha humillado y creo que nunca la ha valorado". El sentimiento que Angélica tiene hacia su mamá es de "pleito". Siempre pensó que no era ninguna gracias tener una familia como la de su madre, tres tías y un tío, ninguno de ellos le agradable, menos aún la hermana menor de su madre de la que opina:

> ...es ¡todo un caso! Fue una niña muy bonita, tanto Esther como su otra hermana se dedicaron a criarla y consentirla, de tal modo, que la hicieron grosera y envidiosa. Se casó, después de unos años dejó a su esposo y regresó al pueblo con tres hijos, se convirtió en una calamidad, alcohol y hombres. La sorprendí cuando entró a la recámara de mis padres. Mi padre estaba solo y ella se cubría sólo con una toalla, creo de desde siempre la he detestado, más aún cuando veía que a pesar de todo, mi madre no le decía nada y al contrario hasta le llevaba su comida a la cama cuando ella decía estar enferma. No es ninguna gracia contar con esta familia ¿verdad? (Angélica).

Como la misma Angélica lo plantea "la familia paterna también tiene lo suyo". Su padre, Rafael, convivió con su hermano y cinco varones más, hijos de su padre con otra mujer. Su abuelo ofreció a todos sus hijos la posibilidad de estudiar, cuatro fueron profesores, entre ellos el padre de Angélica.

Rafael se distinguió por ser miembro de agrupaciones estudiantiles, como profesor organizaba en el pueblo actividades de recaudación de fondos, de recreación y culturales. Fue presidente municipal, "estudiaba por correspondencia y arreglaba radios, lámparas etc." Participaba en el sindicato, la dirección de educación, la logia masónica y en un partido político. A los sesenta años estudió Derecho "piensa en abrir un despacho para ejercer como abogado y actualmente se encuentra en asesorías para este propósito".

Angélica tiene siete hermanos, ella es la primogénita. Cuando nació su último hermano ya tenía 20 años, lo llamaron Oscar a instancias de Angélica y sus hermanas, cuenta "fuimos nosotras quienes decidimos su nombre, por aquello del premio a la academia, era la constancia por buscar y buscar hasta que nació el varón". El enojo de Angélica por ese embarazó fue inhibido y sólo pudo expresarlo cuando escribió su autobiografía. Otros resentimientos hacia su madre se acumularon, recuerda que su mamá comentaba que era agresiva con una de sus hermanas, que le decía a su padre "que la cambiara por una mamá más bonita". Pero el hecho que más afectó la relación con su madre fue el abuso sexual de un de sus profesores, nunca lo había contado sólo pudo escribirlo.

La vida de Angélica es de "trashumante", para continuar con sus estudios ha tenido que buscar escuelas fuera de lugar de la residencia de sus padres. Esto fue así desde su ingreso a la secundaria a pesar del gran apego que tenía hacia sus padres. "No obstante, a pesar del dolor de la separación, nunca pasó por mi mente quedarme sin estudiar, tampoco creo que haya sido pensado por mis padres, yo estaba ilusionada por venir a la ciudad y continuar mis estudios".

Para lograr su cometido tuvo que vivir en la casa de amigos de sus padres y alguno parientes, la experiencia en esos sitios no fue del todo agradable pero se refugiaba en los libros. "Devoraba todos las novelas de aventuras, era mi forma de evasión".

Al entrar a la Normal para ser profesora de educación primaria construyó vinculos con algunas de sus compañeras de estudio, eso vínculos permanecen hasta la fecha. Su primer trabajo como profesora fue en una escuela rural, así volvió a migrar de la ciudad al campo, después de un años pidió un cambio a otra zona más cercana a su casa, allí conoció al que hoy es su esposo, él también es profesor de primaria.

Aquello no empezó bien, yo no fui clara en señalar que no quería vivir con alguien más y durante un año o un poco más vivimos primero en casa de mi suegra, después con mi cuñada y y por último con unos tíos de mi marido. Hasta que por fin le dije que ya no quería esto y buscamos un lugar donde vivir solos. Al mismo tiempo dejé que él me dominara, al grado de tener miedo de expresar mis opiniones porque si lo contrariaba tenía unos enojos que eran de temer, así que hasta dejé de estudiar por casi un año, el único año que no tuve obligaciones de estudio desde que inicié la primaria hasta que concluí la maestría. (Angélica).

A los pocos meses quedó embarazada, fue un embarazo complicado y perdió "al bebé", sucedió igual con su segundo embarazo. Después de algunos tratamientos médicos logró dar a luz a varón que lleva el nombre de su padre.

Cuando fue profesora de primaria Angélica juzga que practicaba nuevas cosa, expresa: "considero que me ganaba el afecto y la confianza de mis alumnos". Siente que sus compañeros de trabajo la aprecian, pero cree que es porque evita los conflictos, le da miedo discutir y provocar el rechazo de los demás. Sólo discute con su marido.

Angélica busca seguir estudiando, ingresa a los estudio de posgrado. Narra así es momento:

> Ingresar a la maestría cambió por completo mi existencia, allí encontré que la vida era mucho más de lo que hasta antes había conocido y que podía de diferentes formas encontrar otras

realizaciones, me sentí nuevamente a gusto siendo alumna y disfrutar de los textos y de los nuevos conocimientos aunque me abrumaba y me abruma entender cuan ignorante soy y la gran cantidad de cosas que están allí para ser hechas cuerpo en mí. Me da coraje pensar en el tiempo que perdí leyendo cualquier cosa o al tratar de ser ama de casa y tener la obsesión por la limpieza y el orden aunque debo confesar que nunca logré ser ni con mucho el ideal que aspiraba mi esposo, a estas alturas ya se ha resignado a no tener eso, hasta me dice que no hay mujer en casa, lo cual corroboro de inmediato aunque quisiera poder olvidarme de verdad de las "obligaciones" domésticas. (Angélica).

Después de obtener el grado de maestría tiene su cuarto embarazo y tuvo otro hijo, el hecho de que fuera varón "la hizo sentirse tranquila". Cuando su hijo menor tenía ocho años ingresó al doctorado en educación. Expresa: "creo que en mucho contribuyó la llegada de mi segundo hijo. A cambio de éste y de apoyarle en sus negocios, mi esposo ha accedido a que yo me dedique más a la lectura, a la escritura y a participar en otras actividades". Bajo este acuerdo "no hablado" Angélica se graduó de doctorado y sigue como docente en la universidad, en los tiempos recientes a sus tareas agregó la labor de investigadora.

La Historia de Margarita

Margarita es hija de Danilo el primogénito de los dos hijos vivos de Papanino (Danilo) y Nana María (María). María en el segundo parto esperaba gemelos, perdió a su hija recién nacida, sobrevivió Ernesto. El fallecimiento de la bebé "fue motivo de gusto para mi abuelo, no quería ninguna hija por temor a que fuera a deshonrar su nombre". Años después cuando su nietos ya eran grandes le confesó a Margarita.

Que ahora que sus dos hijos varones habían crecido, se daba cuenta que eran unos desalmados. Según él porque a mi papá le gustaba tomar y andar de feria en feria jugando carreras de caballos, peleas de gallos o cartas. A Ernesto, además de hacer lo mismo que mi papá, le daba por andar de enamorado y robarse mujeres a veces hasta a la fuerza o pelearse por lo cual varias veces lo encarcelaron, se sentía defraudado de ellos. Comentaba que Dios lo había castigado, que quizá hubiera sido mejor que fueran mujeres. Tenerme a mí era el mejor regalo de su vejez. (Margarita).

Rocío decidió irse con Danilo porque Gilberto, su padre, se negó en tres ocasiones a conceder que se unieran en matrimonio. Él no quería que sus hijas se casaran, sólo dos de ellas lo hicieron. Gilberto, además de no asistir la boda, les pegó antes de que se fueran a la iglesia.

Los padres de Margarita se fueron a vivir a la casa de Papanino y Nana María en el rancho El Palmar, su madre "ayudaba en los corrales, en la casa, cosía ropa para la gente del pueblo y también era la que inyectaba y ponía sueros, porque había estudiado en una Misión Cultural". Parió ocho hijos, Margarita fue la quinta, nació en la madrugada. La partera no pudo auxiliarla porque no vivía en El Palmar. La Nana María estaba invalida por un accidente y tampoco pudo socorrerle. Al día siguiente del nacimiento de sus hijos Danilo "se iba a tomar para festejar y para que ella se diera cuenta que a él le daba el mismo gusto que lo que naciera fuera hombre o mujer, sin embargo muchas veces la escuché decir que cualquier pretexto era bueno para que se fuera de la casa".

Papanino tuvo una marcada predilección por Margarita, él comentaba que se parecía a su madre, por eso la llamaba "Emita". Le gustaba que se vistiera siempre de rojo, le decía "mi angelito de las aguas" porque así eran conocidas las catarinas o mariquitas en El Palmar. Cuando murió su abuelo tenía nueve años sintió "que se le acababa el mundo", pero lo que en realidad perdió fue la protección, por que de ahí en adelante su papá y su hermano mayor "se sintieron si cuña y los golpes estaban a la orden del día para ella, sus hermanas y su mamá".

La instrucción primaria de Margarita transcurrió en la escuela de El Palmar, pero cuando tuvo que ir a la secundaria tenia que transportarse ha otra localidad, lo hacía en un autobús que estaba destinado al traslado de los adolescentes de los ranchos a la escuela secundaria. hombres y mujeres que viajaban todos los días no se podían sentar juntos; durante el trayecto cantaban, reían y coqueteaban.

Fue una de las épocas más duras de mi vida, y esto se debió a que empecé a crecer y mi cuerpo a cambiar. Por todo me pegaban, si cantaba, si me reía, si salía al porche a sentarme en las poltronas exclusivas para ellos por ser hombres. Me esforzaba por agradarlos, desde muy pequeña aprendí a ordeñar, a montar a lazar aun cuando mis hermanas no lo hacían y todo para tratar de ser como ellos y ser aceptada, sin embargo si una muchacha se iba con el novio era seguro que nos tocaba una golpiza de patadas y todo, para que escarmentáramos y no se nos fuera ocurrir manchar el nombre de la familia. (Margarita).

Sebastian el hermano mayor era el que propinaba mas golpes. En ese tiempo para Margarita, la impotencia de su madre ante su hijo y su marido era totalmente reprochable. Estudiar servía para evadir la dura realidad, "la otra forma de sobrevivir era leyendo, libro que llegaba a mis manos leía", ahorraba para comprarse libros.

Margarita realizó los trámites para ingresar a la Escuela Normal con la intención de ser profesora de primaria, pero también como la oportunidad de salir de su casa. Vivió con un primo una temporada y una casa de asistencia "bastante desagradable por cierto y con mala comida". Su madre le envía dinero. No era la primera que se iba para cursar una carrera, su hermana mayor Adelaida estaba en la carrera de Ingeniería en la Ciudad de México.

Cuando Margarita estaba en la normal mataron a su tío Ernesto y su familia vendió las tierras y el ganado, que habían heredado de sus abuelos paternos, y se trasladaron a una ciudad. Mientras eso sucedía, además de estudiar la carrera de profesora de primaria y ante el requerimiento en la entidad federativa en la que estaba la Normal de educadoras (profesoras de educación preescolar) Margarita acudía a la Normal por las tardes para formarse como educadora, esto le permitió obtener un trabajo en una comunidad rural. Sólo trabajó dos años como educadora y se trasladó a la Ciudad de México para trabajar en Teléfonos de México porque le pagaban diez veces más que como profesora. Vivió en una casa de Monjas con su hermanas Adelaida y Rosa.

Después de un año regresó a la casa de sus padres con el propósito de buscar trabajo y estudiar en la universidad, cuando le comentó a su mamá sus planes le preocupó que su padre y su hermano no se lo permitieran. Tal situación no sucedió, trabajaba por la mañana y por la tarde asistía a la universidad para estudiar Ciencias Políticas, ahí conoció a José su esposo.

A mis hermanos y mi papá casi les dio el ataque, cuando fueron a pedirme mi padre sabía a que hora llegarían mis suegros y se quedó en el rancho y los hizo esperar como una hora, llegó todo sucio, así se presentó. Yo casi me moría de verguenza. El día de la boda no quería entregarme y me decía que lo hiciera (a ninguna de mis otras dos hermanas mayores las entregó), pero yo quería que lo hiciera, le dije llorando que si no lo hacía me iría con José y le dejaba la boda tirada. Creo que funcionó porque sí me entregó, aunque al salón de fiesta no fue, de la iglesia se regresó a la casa. (Angélica).

Margarita se embarazó, fue un embarazó de alto riesgo. José, su hijo, nació sin complicaciones, ella dejó de estudiar y trabajar. Tres años más tarde nació Susana "tenerla en mis brazos ha sido uno de los momentos más bellos de mi vida".

Su padre insistió para que pusieran un negocio para "elaborar chorizo, chilorio y machaca; nos regaló los primeros cerdos y carne de res para la machaca". José renunció a su trabajo para atender de tiempo completo la pequeña empresa. Contaban con buenos clientes hasta que entro una compañía que producía los mismos alimentos.

Margarita tuvo que regresar a trabajar como profesora en un Colegio particular, pero cuando le ofrecieron un trabajo en una escuela unitaria, no dudo en aceptarlo.

Trabajé dos ciclos y medio en este lugar, tiempo en cual me sentía feliz. Mi relación con los niños y con los padres era armoniosa, me identificaba con ellos por mi infancia y por la gente con que conviví en el rancho donde nací. Hubo que dejar todo aquello y con bastante dolor por cierto, pero la situación económica familiar requería de nuevo cambiamos, el negocio dejó de ser redituable.

Su esposo de igual forma, se vio en la necesidad de buscar un trabajo, aceptó uno en otra localidad. Por algún tiempo vivieron separados pero Margarita buscó laborar en donde residía José, con el apoyo del director de educación logró que así fuera. Tuvo que hacer varios cambios de lugar de trabajo migrando de un sitio a otro hasta que le ofrecieron ser Asesora Técnica de la zona escolar para las escuelas rurales. Durante ese tiempo se incorporó a la Universidad Pedagógica Nacional para estudiar la licenciatura en educación (todos los sábados), se tituló y posteriormente se inscribió en la Maestría.

Trayecto Profesional y Grupo-Familia

Las historias de Angélica y Margarita son referentes, en ellas se presentan los sentidos en su construcción de identidad a partir del análisis al grupo-familia y las formas de articulación de los vínculos, las relaciones intergeneracionales y los mitos familiares con la profesión docente.

Las autobiografías permiten comprender que las formas de vida están intrínsecamente relacionadas con las prácticas sociales y culturales. Esas maneras de vivir del sujeto "marcan su desarrollo y lo constituyen como un ser psico-social-histórico" (de Gaujelac, 2005, p. 45). En la sociedad moderna "la memoria autobiográfica se configura como un lugar de comprobación de la propia capacidad de elección y, al mismo tiempo, como el depósito que hay que llenar para conocer las propias predisposiciones, idiosincrasias y aspiraciones" (Jedlowski y Rampazi, citados en Demetrio, 1999, p. 178). No obstante lo anterior, debemos pensar que quizá esto forma parte del mito fundante de la modernidad, es decir de la fe en la "realización" personal (Arfuch, 2002). Es así que en las historias de las dos profesoras se da cuenta de la toma de decisiones, pero asimismo, de aquello que se vive como destino. Sus historias son condensaciones de niveles altamente complejos de cadenas significantes que "las hacen ser lo que son".

Lejos de esa fe en la realización personal lo que existe es una imbricación de condiciones, situaciones y deseo en el logro de ser profesor, resaltaremos en ese caso: el aprovisionamiento generacional, la mediación de la fratría, el soporte psico-afectivo en una figura de poder y la elección de pareja.

Encontramos en las grafías de las vidas de Margarita a Angélica algo que se comparte, ellas nacieron en pequeñas poblaciones donde el sostenimiento se tiene que distribuir entre los miembros del grupo-familia. En esos espacios se sobrevive por el apuntalamiento de varias generaciones. Abuelos, padres e hijos colaboran para tal acumulación. El "aprovisionamiento generacional" no es factible para todos las familias, la gran mayoría sucumben ante los embates de las crisis económicas, además como la acumulación es precaria se pueden perder en cualquier momento.

Lo anterior está relacionado con el lugar que se ocupa en el espacio social, este se constituye, de tal forma que los agentes y los grupos se distribuyen en él compartiendo propiedades en común de acuerdo con la posición que ocupan en función de dos principios de distinción: el capital económico y el cultural (Bourdieu, 1988, 1997, 2000). Por tanto, el "aprovisionamiento generacional" además de material es simbólico, se asienta elementos como las profesiones de los padres y abuelos, o bien, las posiciones que se ocupan. Lo vemos de forma clara en el caso de Angélica que cuenta con un padre que es presidente municipal, profesor y que estudia Derecho, de igual forma aparece en Papanino el abuelo de Margarita que es el dueño del rancho El Palmar.

En el grupo-familia parece requerir de tres generaciones para capitalizar las reservas tanto materiales como simbólicas. Son en realidad los nietos, y nunca todos, los que aprovechan los rendimientos de las reservas familiares. El apuntalamiento material, el apoyo de las madres a la economía de la familia, así como la participación de los abuelos al acoger a los hijos en sus casas parecen ser mecanismos clave de sobrevivencia y continuidad del grupo-familia, si y sólo sí las condiciones económico sociales de la época en la que viven son propicias.

Sin embargo al parece no basta el capital económico y simbólico, se hace necesario el soporte de las relaciones de identificación o idealización con las figuras de poder, para Margarita esto aparece en su historia como ser el "angelito de las aguas" para el cabeza de familia que es su Papanilo, el abuelo que considera el guardián de la honra familiar y verdugo (al igual que sus hijos) de las mujeres que tienen el deseo de irse con algún hombre fuera del clan. En tanto que para Angélica se desliza en su relato coloca a su padre en el lugar de ideal del Yo con la exaltación que hace de sus actividades públicas/visibles (presidente municipal, estudia Derecho, participa en el sindicato), con la consiguiente desvalorización de las actividades domésticas/invisibles de la madre y de ella misma (venta de ropa, cuidado de los hijos, atención al padre) (Jelin, 2000). Idealizaciones e identificaciones que además de representar formas de vínculos psíquicos, también responden al sistema de género dominante en la sociedad occidental que se sostienen en prácticas históricas.

De igual manera que los vínculos con las figuras de poder juegan un papel importante en la constitución del ser profesora, parece cobrar relevancia la "fratría", ya se ha reconocido por diversos autores que "...la fratría ofrece un terreno único para el estudio de las relaciones entre iguales, que son casi obligatorias, cotidiana y frecuentemente valoradas por el entorno y que se desarrollan en un lapso de tiempo bastante largo" (Marc y Picard, 1992, p. 163) . En esas relaciones se da la rivalidades, los celos, la imitación, la solidaridad, el odio, el amor, etc.

Anotaremos aquí la importancia de la fratría como mediadora en el trayecto hacia la profesión docente, bajo este ángulo se puede observar la importancia de los hermanos, o a los otros próximos (pueden ser los primos) como elementos de vanguardia que avanzan hacia otros caminos en la relación con lo padres, ese es la situación de Adelaida la hermana de Margarita que partió a la Ciudad de México a estudiar Ingeniería, tales actos allanan el camino para los hermanos menores. Fue el papel que desempeño Angélica para sus hermanos, ahora todos son profesionistas. Pero de igual forma, en la fratría se hace presentes los grandes odios que se sostienen como acicates para emprender la retirada del hogar, quizá por eso frente a lo salvaje de la acción de sus hermanos, Margarita sólo podía irse de esa casa o soportar el castigo físico y el trato desigual.

A la vez que orientamos nuestra atención a la fratría y lo parental para el trayecto profesional, también resaltamos la importancia de la elección de pareja conyugal. A diferencia de la fratría que es un vínculo orgánico, la pareja como vínculo conyugal aparece como contractual y por tanto apunta a la elección.

"El conocimiento del otro mimbro de la pareja se inscribe en un proceso cognitivo activo, en el que cada uno descubre al otro en la interacción, en relación con el sujeto que mira y actúa (...) Los inicios del vínculo "dibujan las grandes líneas y encierran el porvenir, a veces con una prontitud e intangibilidad dramática" (Cicchelli-Pugeault y Cicchelli, 1999, p. 108). Recordemos como Angélica dice al hacer mención al inicio de su matrimonio, pero también a cómo Margarita va acordando y modificando con su pareja sus esquemas de relación para sostener económicamente a su familia. La elección de pareja abre el potencial ilusorio de otro linaje, se puede decir que cada sujeto de la pareja "flota en la ingravidez genealógica" y apuesta al momento fecundo de apertura y renovación del linaje con la posible aparición de los hijos.

Vínculos, mitos, identificaciones e ideales se conjugan y permiten, por lo menos para Angélica y Margarita el movimiento, así se convirtieron en "trashumantes" desde muy pequeñas, sus afectos y sus deseos fueron conformando un trayecto para ser profesoras, con ciertos vacíos y desazones. El "irse a otro lugar", emprender el camino hacia otros rumbos, ya sea cambiando de ciudad, imaginando historias a través de la lectura o estudiando para obtener su título de licenciatura o el grado de maestría, les permitió saber-se profesoras; de igual manera, escribir su autobiografía fue de una cierta manera un proceso auto-reparador.

Referências Bibliográficas

ARFUCH, Leonor. *El especio biográfico. Dilemas de la subjetividad contemporánea.* Buenos Aires: Fondo de Cultura Económica, 2002.

ARGUELLO, Andrés. *La perspectiva biográfica en el horizonte de epistemológico de la fenomenografía.* Manuscrito no publicado, 2010.

BOLÍVAR, Antonio, et al. *La investigación biográfico-narrativa en educación. Enfoque y metodología.* Madrid: La Muralla, 2001.

BOURDIEU, Pierre. *Cosas dichas.* Barcelona: Gedisa, 1988.

______. *Razones prácticas.* Barcelona: Anagrama, 1997.

______. *Las estructuras sociales de la economía.* Barcelona: Anagrama, 2000.

BRUNER, Jerome. *La fábrica de historias. Derecho, literatura, vida.* Buenos Aires: Fondo de Cultura Económica, 2003.

CAREL, André. El *apres-coup* generacional. En: EIGUER, Alberto. *Lo generacional.* Buenos Aires: Amorrortu, 1998.

CICCHELLI-PUGEAULT, Catherine y CICCHELLI, Vincenzo. *Las teorías sociológicas de la familia.* Buenos Aires: Nueva Visión, 1999.

de GAUJELAC, Vincent. Historias de vida: entre sociología y psicoanálisis. En: de GAUJELAC, Vincent; RODRÍGUEZ, Susana y TARACENA, Elvia. *Historias de vida. Psicoanálisis y Sociología Clínica.* México: Universidad Autónoma de Querétaro, 2005.

DENZIN, Norman. *Interpretative biography. Qualitative Research Methods.* Newbury Park: Sage Publications, 1989.

DOMINICÉ, Pierre. *Learning from our lives: Using educational biography with adults.* San Francisco: Jossey-Bass Inc, 2000.

______. A formação de adultos confrontada pelo imperativo biográfico. *Educação e Pesquisa*, USP, v. 32, n. 002, pp. 345-357, mai-ago, 2006.

DOSSE, François. *El arte de la biografía*. México: Universidad Iberoamericana, 2007.

ERIKSON, Erik. *La verdad de Gandhi. Sobre los orígenes de la no violencia militante*. Buenos Aires: Sudamericana, 1973.

FREUD, Sigmund. La novela familiar de los neuróticos. En: FREUD, Sigmund. *Obras completas*. El delirio y los sueños en la "Gradiva" de W. Jensen, y otras obras (1906-1908). v. IX. Buenos Aires: Amorrortu, 1995.

JASSO, Marie-Christine. Historia de vida e projecto: a história de vida como projeto e as "histórias de vida" a serviço de projetos. *Educação e Pesquisa*, USP, v. 25, n. 2, pp. 11-23, jul-diz, 1999.

JELIN, Elizabeth. *Los trabajos de la memoria*. Madrid: Siglo XXI, 2001.

JEDLOWSKI, Paolo y RAMPAZI, Marita. Il senso del pasado. En DEMETRIO, Duccio. *Escribirse. La autobiografía como curación de uno mismo*. Barcelona: Paidós, 1999.

KRISTEVA, Julia. *La revuelta íntima. Literatura y psicoanálisis*. Buenos Aires: Eudeba, 2001.

MARC, Edmond y PICARD, Dominique. *La interacción social. Cultura, instituciones y comunicación*. Barcelona: Paidós, 1992.

RICOEUR, Paul. *La memoria, la historia, el olvido*. México: Fondo de Cultura Económica, 2000.

ROUDINESCO, Elisabeth. *La familia en desorden*. México: Fondo de Cultura Económica, 2003.

SOUTO, Martha. Un dispositivo de formación: El seminario-taller grupos de formación. En: SOUTO, et al. *Grupo y dispositivos de formación*. Buenos Aires: Novedades Educativos, Universidad de Buenos Aires, 1999.

TORRES, Rosa María. La construcción de sentido en la escritura autobiográfica. En: FUENTES, Silvia y VALDIVIA, María de los Ángeles. *Políticas educativas, desarrollo institucional y actores*. México: Universidad Pedagógica Nacional, 2008.

A HISTÓRIA DE VIDA PARA ALÉM DO INDIVIDUALISMO – AS INTERPRETAÇÕES PSICOSSOCIAIS DAS BIOGRAFIAS[1]

Henning Olesen Salling

Este trabalho oferece uma concepção de pesquisa da história de vida baseada na noção de experiência social e ambivalência, que vê a aprendizagem dos assuntos emergentes/visíveis como a dinâmica da criação de sentido cultural e social. Os conceitos-chave da subjetividade e da experiência, derivada da teoria crítica européia, são brevemente introduzidos no que diz respeito à sua formação intelectual. É um quadro baseado na teoria psicanalítica e crítica social, e sugere que a biografia de aprendizagem individual pode ser mais bem analisada como um histórico da participação do assunto individual jogos linguísticos e prática social em uma situação específica da sociedade. Baseado em exemplos de pesquisas feitas pelo autor para o aprendizado profissional, o artigo descreve as implicações destes conceitos em relação a uma compreensão dos aspectos emocionais da aprendizagem na vida cotidiana e para a compreensão do conhecimento.

O papel fundamental do uso da socialização da linguagem é explicado em breve, e um complemento psicodinâmico para o uso de um conceito de jogo de linguagem é desenvolvida.

A racionalidade e força dos métodos de abordagem biográfica e de história de vida baseiam-se em dar voz às pessoas, proporcionando a compreensão das perspectivas subjetivas na interação social e compreensão das instituições. Isso é altamente relevante, também

1. Tradução de Andréa Cabral

no campo da educação, onde os aprendizes (e professores) têm sido muitas vezes reduzidos a objeto de intervenção ou estereotipados por preceitos. Especialmente em relação às pessoas culturalmente marginalizados e a alternativas culturais, é inteiramente justificado e necessário o desenvolvimento de pesquisa em educação. No capitalismo modernizado assuntos individuais e competência também se tornaram questões de política geral. Mas quais são as perguntas que os pesquisadores e os legisladores tentam responder? São as mesmas perguntas? Enquanto a Lifelong Education tinha uma política de direitos universais, "Lifelong Learning" recentemente assumiu um significado diferente de necessidade econômica e de responsabilidade individual. Biografia crítica e estudo da história de vida devem teorizar as condições de aprendizagem neste novo contexto social. A pesquisa crítica deve evitar "individualizar o individual".

O pano de fundo para o nosso trabalho no Projeto História de Vida em Roskilde, Dinamarca, foi em parte uma crítica à teoria pedagógica tradicional, baseada em uma concepção mais ampla de construção de experiência (Olesen Salling, 1989), e em parte um envolvimento prático na formação e educação dos desempregados e marginalizados. A nossa intenção foi desenvolver uma metodologia de pesquisa para compreender os motivos de aprendizagem – e resistência – no contexto de experiências de vida passadas, presentes e futuras, além de disponibilizarmos métodos de auto-reflexão na formação, ainda que visando efeitos imediatos de qualificação e de emprego.

O projeto surgiu como uma meta-reflexão sobre vários outros que lidam com as pessoas em determinadas transições ou conflitos sociais, tais como perda de emprego, mudança de profissão, exclusão social e assim por diante. Um curso de um ano, destinado somente às mulheres, incluiu qualificação específica, educação e desenvolvimento pessoal (Salling Olesen 1994, 2004b).

Na sequência do processo, a partir da perspectiva das mulheres e suas interpretações do curso e dos períodos de estágio, bem como suas experiências de primeiro emprego após o curso, pudemos aprender sobre a perspectiva das mulheres no trabalho, baseadas em experiências femininas em postos de trabalho ruins, desemprego, o permanente conflito entre os compromissos com família e as horas de trabalho, e o não reconhecimento do trabalho doméstico. Conforme elas foram se mostrando trabalhadoras competentes, pudemos verificar as suas ideias sobre a mudança de trabalho. Mas estes processos se mostraram muito individualistas: por vezes, as reflexões foram explícitas, como uma mulher dizendo que seu relacionamento com o marido tinha mudado dramaticamente; outras vezes podiam ser reconhecidas em relação a uma experiência de trabalho específico, e às vezes, muito sutilmente, como no caso em que uma mulher expressa sua relação recém-aprendida em seu trabalho com aço, comparando-a com os cavalos, que ela sempre tinha montado. Se os resultados não são surpreendentes quando resumidos desta forma, eles confirmam o potencial para examinar em detalhes as histórias de vida empírica e mundos de vida dos alunos.

Como desenvolvemos a teoria e metodologia, o alcance também foi ampliado: novas e diferentes amostras (adolescentes e profissionais) foram incluídas, e as perspectivas de interpretação ampliadas para incorporar as questões relacionadas ao conteúdo específico de aprendizagem e sua relação com o conhecimento e habilidades. Serviu para que enxergássemos a complexidade da dinâmica subjetiva das estruturas fundamentais sociais e culturais como sexo e identidade no trabalho e deixou claro que precisamos evoluir metodologicamente de empatia para interpretações teoricamente mais bem informadas. A recente tese de doutorado tratou da aprendizagem dos estagiários no trabalho do lar, e analisou as condições de trabalho nas casas de pessoas idosas como um ambiente de aprendizagem para a maioria das meninas jovens (Liveng, 2007). De certo modo este é apenas um exemplo de questões sobre sexo e identidade no trabalho, ainda que muito diferente do exemplo acima descrito. Podemos analisar a aprendizagem profissional como um processo de identidade pessoal. Enfatizando a qualidade específica relacional e emocional das situações, torna-se óbvio que o envolvimento do aprendiz é entrelaçado com uma experiência pessoal da história de vida, que é individual, de sexo e de classe, todos consagrados no aprendiz e no espaço através das relações sociais. Inclui razões conscientes, bem como os motivos inconscientes e, muitas vezes compromissos ambivalentes, que precisam da interpretação de uma perspectiva sociológica que poderia apontar outras relações neste domínio (relações de poder gerencial em serviços de atendimento, a fragilidade das relações sociais a partir da perspectiva do receptor desse cuidado) que não estão de modo algum explícitas nas percepções dos aprendizes. O foco do estudo da história de vida pode ser enriquecido com aspectos do ambiente social em questões que não são facilmente vividas pelo aprendiz. A discussão, portanto, explorou as ideias que poderiam ser adquiridas a partir de considerações psicodinâmicas e sociais, respectivamente.

Os estudos empíricos permitem uma nova abordagem para as relações entre a metodologia (na pesquisa social) e teoria (de aprendizagem). Gostaria, sobretudo, de explicar por que e como recorrer a conhecimentos psicanalíticos na interpretação das experiências subjetivas. Um importante desafio para a teoria da aprendizagem é evitar a dicotomia usual entre o indivíduo e o nível societal de análise, e por isso pretendo explicar como as relações sociais desempenham um papel não apenas "externo", configurando a situação social, mas também um papel "interno", pela produção social do aprendiz ao longo da história de vida.

Este também tem uma ressonância muito maior com a teoria social, política e epistemológica do que com o espaço em que se encontra. (Leledakis, 1995; Salling Olesen, 2002a, 2002b).

É impressionante a pouca influência que as tradições psicanalíticas tiveram na educação de adultos; isso pode ter a ver com o entendimento dominante da psicanálise como uma teoria mais ou menos determinista do desenvolvimento psíquico individual, o que só é relevante para a psicologia clínica, uma vez que a psicanálise tem uma ênfase excessiva nos aspectos emocionais das relações sociais. Porém, a teoria psicanalítica tem muitos ramos diferentes, a maioria dos quais se desenvolveram muito além desses estereótipos. Neste contexto, resolvi recorrer à psicanálise na interpretação dos fenômenos culturais, com a visão de que a dinâmica psíquica é produzida pelas relações sociais e que representam uma modalidade psíquica interior da cultura – o que poderia ser chamado de cultura incorporada. Processos emocionais e cognitivos são vistos como praticamente idênticos ou estreitamente interligados, sendo eles aspectos da transformação subjetiva do significado cultural e condições sociais. Ao estudar o assunto relativo no qual os processos emocionais e cognitivos estão unidos (a história de vida), nossa atenção é dirigida à atividade simbólica e uso da linguagem e sua relação com a experiência vivida. Paradigmaticamente, este quadro de análise da aprendizagem como experiência subjetiva individual, sem perder de vista sua dimensão social, é uma mediação ou síntese da teoria crítica e simboliza o foco de interpretação na psicanálise.

Não é possível discutir e justificar esses desenvolvimentos teóricos aqui, mas espero abrir um diálogo entre a comunidade de ensino para adultos e uma tradição continental européia da teoria crítica (Lorenzer, 1977; Salling Olesen, 2002a, 2002b), tradição esta que não é bem conhecida dentro da pesquisa em educação para adultos e, ao que parece, ainda menos quando a comunidade internacional está se tornando anglófona. De certa forma, é compreensível que os educadores de adultos, na sua maioria, tenham evitado a psicanálise – é uma disciplina rica e complexa em si mesma, e as discussões intelectuais dentro dela estão obviamente entrelaçadas com as práticas profissionais em um campo completamente diferente, a prática terapêutica. Possivelmente, foram feitas algumas transferências, ainda não digeridas, de observações clínicas e meta-psicologia simples (ou seja, o modelo de personalidade, que desempenha um papel importante na educação de adultos americanos) no ensino e na esfera da aprendizagem. Contudo, muitas vezes tem-se a impressão de que recepção de inspiração psicanalítica está ligada a uma rejeição defensiva de ideias simples, como se estas fossem ameaçadoras. Afinal, de maneira geral ninguém pode negar que os aspectos emocionais – a motivação, o envolvimento de identidade etc. – são centrais na educação de adultos, mas a ideia de que essa influência é parcialmente inconsciente e, em parte formada por experiências de vida anteriores parece ser provocativa. O que pode estar em jogo é o pressentimento de que o pensamento psicanalítico pode problematizar alguns dos pressupostos idealizados com relação ao aprendiz consciente e autônomo no qual a educação de adultos quase sempre está fundamentada. No entanto, o respeito pela integridade do aluno adulto, muitas vezes justificado, pode facilmente nos conduzir a uma concepção normativa e individualista que impede uma melhor compreensão do sujeito aprendiz e suas experiências de vida, especialmente a dinâmica subjetiva de se relacionar com o conhecimento e práticas, ou seja, dinâmica da aprendizagem.

O desafio, portanto, é a evolução da educação e aprendizagem de adultos em uma ciência empírica crítica na qual a integridade do aprendiz seja respeitada, oferecendo um quadro do conhecimento sobre a dialética de experiência sujeito-objeto: a aprendizagem é condicionada a esta dialética, mas ao mesmo tempo um aspecto dinâmico da mesma.

Uma abordagem proveitosa é estudar as pessoas que estão aprendendo em condições de mudanças sociais e conflitos e compreender o significado subjetivo desses eventos sociais inseridos na experiência e perspectivas de vida de cada uma dessas pessoas. Nós tentamos entender a motivação e participação na educação, bem como a dinâmica dos processos de aprendizagem. Abordagens biográficas e de história de vida em uma variedade de formas, guiadas e inspiradas por um quadro conceitual da teoria social crítica, que nos ajudam a concentrar-nos na aprendizagem individual sem abstrair o indivíduo do contexto de sua situação imediata, bem como a mais ampla e profunda situação na sociedade. Muito frequentemente, mas não exclusivamente, tais mudanças e conflitos estão relacionados com o trabalho e emprego. Elas incluem mudanças tecnológicas, novas formas de organização e gestão do trabalho, demissão, ou talvez o não acesso ao mercado de trabalho. Mas os determinados tipos de pressão e volume de trabalho na vida cotidiana, por exemplo, o "trabalho em dobro" para as mulheres, ou os problemas ambientais, são também parte delas. Parece-nos que o estudo da aprendizagem relacionado ao trabalho também é produtivo para uma teoria geral da aprendizagem, pois "trabalho" como um contexto, tem para o aluno qualidades exemplares, abrangendo um mundo da vida concreta e específica, sendo ao mesmo tempo fator central na ordem societal e na dinâmica de aprendizagem, pois no sentido mais amplo é também a socialização ou 'societalização "do indivíduo.

O estudo empírico da natureza social do indivíduo pode contribuir para a teorização dos sujeitos individuais e subjetividade. E esta é, aliás, a principal diferença substancial e paradigmática entre os discursos da ciência social internacional, dominada pelo pensamento anglo-saxão, e as tradições do continente europeu, especialmente alemão.

Subjetividade

Em um sentido muito elementar, a abordagem da história de vida chama a atenção para a vida vivida pelo indivíduo como um contexto para a aprendizagem. Nós não tentamos produzir uma faixa de causalidade do curso de vida do indivíduo, mas sim, tentar compreender como os indivíduos específicos vivem o seu presente à luz de seu passado e de seu futuro subjetivamente projetado. Ao contrário de algumas outras abordagens de natureza narrativa biográfica, queremos não só assistir a esta consciente auto-apresentação, mas também a sua relação parcialmente opaca com as condições sociais e os aspectos não reconhecidos da incorporação da dinâmica subjetiva (Salling Olesen, 2004b).

Em nossa abordagem da subjetividade – o modo de se relacionar com o mundo que se caracteriza pela intenção, interação e envolvimento com algo fora de si mesmo – e experiência – a construção da consciência através da transformação subjetiva de percepções e impressões do mundo – estão estreitamente relacionados com os conceitos fundamentais. Estes conceitos não são exclusivos de nossa abordagem, mas a sua utilização e explicação teórica são bastante problemáticas dentro da tradição inglesa e – ainda – a linguagem (Hodkinson, 2004). Apenas alguns aspectos e implicações para esta posição podem ser explorados a seguir, mas tenho esperança de convencer os leitores da importância desta forma de teorizar. Aqueles que acham esta apresentação muito breve, ou que forem inspirados por ela, podem encontrar versões mais elaboradas em Salling Olesen (1989, 2002a), Olesen Salling & Weber (2001) e Weber (2001).

A subjetividade é relacional. Indivíduos (ou grupos, mas isso é outra história complicada) constituem-se como sujeitos na sua interação com os outros e com o mundo, e sua experiência faz parte da construção dessa interação. Há uma relação dialética íntima entre o sujeito e o mundo. Na filosofia e na teoria social, esta relação pode ser chamada de uma dialética sujeito-objeto, na tradição que descende de Hegel e Marx através da Escola de Frankfurt, e em especial no trabalho de Adorno (1976, 2000). A tradição da teoria crítica de Frankfurt compreende a subjetividade humana como um produto da socialização, em que uma versão específica da experiência cultural e social é incorporada, tornando-se um conjunto de condições prévias conscientes e inconscientes para a experiência. Em oposição às noções liberais de sujeito independente, livre e racional, a teoria crítica assume que a subjetividade é uma entidade histórica e dinâmica, constituída apenas gradualmente em uma relação de aprendizado com a realidade biológica e social.

A subjetividade também é coletiva e social: é constituída de ações sociais – como as mulheres citadas no exemplo acima, que se tornam verdadeiras trabalhadoras assalariadas, e tendo-se como trabalhadoras competentes. A capacidade de aprender é baseada nas orientações culturais. A cultura existe em práticas socialmente articuladas, em significados e símbolos que são por vezes estão associados a elementos ou estabelecidos em instituições sociais, mas também estão incorporados em ações culturais e (re)produzidos nas ações e na consciência. No seu caminho, cada uma das mulheres citadas no exemplo incorpora experiências de trabalho feminino, papéis femininos (por exemplo, cuidar de crianças) e o aprender a ser mulher (Salling Olesen, 2004a). O segundo conceito-chave, a experiência, pode nos ajudar a compreender as consequências para a aprendizagem.

A teoria crítica sintetiza elementos teóricos do marxismo (fatores sociais e históricos) e da psicanálise (incorporação das formas simbólicas dos processos psicodinâmicos, caracterizado por contradições e tensões). Estas orientações teóricas são baseadas no conhecimento de que nem a sociedade nem a relação dinâmica psíquica são imediatamente transparentes. O uso da psicanálise implica que os processos psíquicos, nos quais as relações sociais são mediadas, não são totalmente transparentes e conscientes, mas também inconscientes e pré-conscientes – esta é a maior contribuição teórica fundamental dada pela psicanálise para a ciência social. Uma das observações importantes de uma análise marxista das relações sociais é a de que essas relações aparecem em formas sistematicamente distorcidas.

Sugerir que uma abordagem de história de vida na educação de adultos pode contribuir para um conceito teórico da subjetividade, pode ser entendido como grandiosidade, mas é também uma estratégia para trazer estes conceitos filosóficos para a investigação concreta, reconhecendo o seu caráter histórico. A fim de compreender como a subjetividade se constitui nas relações concretas, precisamos interpretar as reações subjetivas individuais e a consciência no contexto da cultura, justamente por onde a interpretação da história de vida entra em cena. Praticamente, nós realizamos o que basicamente são as interpretações hermenêuticas de narrativas da história de vida, interações do grupo, ou outras expressões subjetivas transcritas em um texto. Então guiamos as interpretações com a estrutura conceitual básica e as reforçamos com o conhecimento da sociedade, contextos históricos e psíquicos. Embora as expressões individuais subjetivas possam ser únicas e imprevisíveis, elas não são entendidas como coincidência. Ao interpretá-las, temos de tornar o quadro conceptual sensível a importantes fatores de diferenciação e às condições no campo, como o sexo, a etnia, as identidades de trabalho, ou o potencial de identificação de qualidades específicas dos processos de trabalho (Salling Olesen & Weber, 2002).

Experiência

A abordagem empírica história de vida aplica o conceito abstrato da subjetividade histórica e material em pessoas específicas. A fim de situar uma teoria da aprendizagem e da prática da educação de um modo correspondente, vendo-a como a "aquisição subjetiva" da realidade concreta, tornando-a assim parte do próprio sujeito, sugiro um conceito de experiência desenvolvida a partir da tradição Theodor W. Adorno e Oskar Negt (1999). Quando introduzido na educação trabalhista por Negt, o conceito forneceu um quadro para a compreensão de aprendizagem política e consciência de classe em relação à aprendizagem na vida cotidiana da classe trabalhadora. Entendo este conceito como uma "re-incorporação" conceitual da aprendizagem na vida cotidiana: "A experiência é o processo pelo qual nós, seres humanos, individualmente e coletivamente dominamos a realidade, a eterna compreensão dessa realidade bem como nossa relação com ela. Experiências no plural... como na linguagem cotidiana... são para serem vistas como produtos deste processo... A experiência é um processo subjetivo... [É] também um processo coletivo... através de uma consciência social estruturada... enfim um processo ativo, crítico e criativo... "(Salling Olesen, 1989, p 8).

A vantagem teórica do conceito de experiência é conectar uma noção ampla fenomenológica e pragmática da experiência da vida cotidiana com sua sociedade, bem como as suas próprias dimensões psíquicas. Na verdade, Adorno chegou ao marxismo através de uma crítica da fenomenologia de Husserl, com sua percepção de que nenhuma coisa ou fenômeno podem ser concebidos sem que se perceba a sua completa situacionalidade na sociedade. Para a abordagem empírica, a noção de experiência oferece um modelo operacional, com três aspectos ou modalidades, três dinâmicas relativamente independentes, mediadas entre si em cada ação e processo de aprendizagem. São elas: a experiência imediata, a história de vida (experiência), e o conhecimento cultural. A consciência da vida cotidiana é uma experiência situada e incorporada, estreitamente relacionada com o envolvimento do indivíduo em práticas específicas. A situação é estruturalmente embutida na história da sociedade, mas também é influenciada pela experiência de vida e pelos sistemas semânticos culturalmente disponíveis, assim como pelo modo como estes são adquiridos individualmente ao longo da experiência de vida.

Todo o indivíduo tem experiências emocionais e sociais específicas que sedimentam uma visão geral do mundo e maneiras de ver a si mesmo. O material empírico mostra a experiência individual, que vem em uma versão específica de cada indivíduo, e condicionada pelo contexto social. Vamos nos referir à introdução de novas tecnologias e materiais em uma atividade qualquer, como por exemplo, a de encanador. A utilização de tubos de plástico em vez de aço ou cobre nos encanamentos. Cada encanador ganha experiência no controle de tubos de aço, fios de corte, e das novas formas mais fáceis de manusear canos de cobre. Estes materiais e técnicas fazem parte de sua identidade – porque é um homem, e o controle do processo de trabalho é também uma experiência masculina. O encanador pode, pelo menos sob a influência do preço da peça, perceber a utilização muito prática de tubos de plástico, em algumas situações, e suavizar seu preconceito contra eles dentro de uma lógica instrumental. Podemos, portanto, compreender os processos de identidade nos termos desta sedimentação e contínua participação no mundo em que vive. A identidade não é, assim, vista como uma autodefinição final e estável, mas como uma participação parcialmente fluente, parcialmente contraditória, e sempre ativa na (re) construção de si mesmo. Para citar uma piada: um tubo nunca é apenas um tubo para o encanador na modernidade tardia.

Podemos ver o conhecimento, símbolos e normas como forma de experiência cultural objetivada: em relação ao desenvolvimento do trabalho social, podemos falar de uma experiência industrial, ou de uma experiência urbana, ou até mesmo de uma experiência feminina que envolve duplicação de tarefas – e, mais especificamente, podemos ver as habilidades de ofício ou profissões, experiências coletivas que têm sido experimentadas e estabilizadas. Podemos até mesmo ver a alfabetização e a modelagem matemática a partir dessa perspectiva. A aprendizagem é um processo progressivo, que transforma experiências culturais coletivas (conhecimentos, habilidades e normas) em experiências individuais (e por vezes coletivas), na acepção de percepções específicas, mudanças nas práticas sociais, e que ao fazê-las constitui o indivíduo. Queremos entender a complexidade deste processo.

Até agora, essa concepção baseou-se um fluxo grande de teorias fenomenológicas, construtivistas, e no pensamento sociológico, psicológico e educacional. Eles diferem na sua visão de nosso acesso ao mundo. O pensamento fenomenológico tradicional enfatiza a análise do mundo como ele pode ser percebido. Teorias construtivistas, incluindo o marxismo, salientam que esta percepção é culturalmente mediada, formada por nossa linguagem e ideias. A teoria crítica especificamente afirma que nenhum objeto pode ser devidamente compreendido sem sua relação com a totalidade da sociedade e, com base em Marx, que os objetos sociais particularmente aparecem de uma forma sistematicamente distorcida. Obviamente, o conceito citado acima tenta mediar essas diferenças. Mas, em minha opinião, é a elaboração da dinâmica subjetiva da experiência e da identidade com o apoio do conhecimento psicodinâmico, e também dos conceitos marxistas, que permite uma compreensão da aprendizagem na vida cotidiana.

É evidente que o tratamento subjetivo do social na vida quotidiana não é somente um fenômeno cognitivo. A consciência na interação prática incorpora todos os seus sentidos às experiências vividas pelo sujeito – as emoções relacionadas com esta situação e com o assunto da situação, bem como a percepção de si mesmo e da situação. A aprendizagem é ativada e influenciada pelo envolvimento emocional, que inclui momentos de aprendizagem, bem como momentos de defesa. Estamos particularmente interessados na diferença entre os aspectos cognitivos e emocionais na construção da experiência individual em contextos sociais específicos, e também entre o sentido individual e coletivo.

Vamos brevemente rever o exemplo das rotinas. A vida cotidiana no trabalho é caracterizada pelas rotinas coletivas e habituais. Percepções e processos cognitivos também são guiados pelas emoções sociais e relacionais, associadas às práticas mais conhecidas, para a situação e às expectativas projetadas dentro dela. Em uma situação de vida, geralmente inundada com os impulsos e exigências, os mecanismos individuais e coletivos de construção de consciência preservam o indivíduo das ansiedades e ambivalências. Quando os fenômenos não-rotineiros ou novos fatores contextuais ocorrerem, não há apenas os problemas (cognitivos) a serem resolvidos. A própria observação e sistematização de desvios e novidades também é um processo de mudança social e emocional do aprendiz. Esta mudança é um desafio, que pode sobrecarregar o aprendiz e, em alguns casos, é particularmente ameaçadora porque pode ativar experiências de vida históricas ou relações emocionais de uma forma provocadora de ansiedade.

A manutenção de uma rotina não é tão passiva como o conceito parece sugerir: é mais frequentemente uma edição ativa de percepções e conhecimentos em conformidade com as práticas possíveis – um mecanismo de defesa. Eu chamo este tipo de consciência de "a consciência da vida cotidiana", com um conceito – Altagsbewusstsein – emprestado de Leithauser e de outros (Leithauser, 1976; Leithauser e Volmerg, 1989). O quadro teórico de Leithauser para a compreensão da dinâmica subjetiva dessa consciência como mecanismo de defesa prevê um reverso complementar a uma teoria da aprendizagem. A seleção e interpretação das percepções é parte de uma aquisição, ativa, psíquica e cultural que define a situação de uma forma possível – ou seja, por meio de mecanismos de defesa ativos parcialmente coletivos.

Defesa é uma forma mediada de "realismo" com um alcance ou foco de coação limitado, que tem sua atenção voltada para certos aspectos da interação entre a realidade social e a dinâmica interior, e não é muito sensível à realidade social. Podemos definir de maneira aberta e abrangente as realidades interiores, bem como exteriores como uma condição emocional e, por vezes também o resultado da aprendizagem. Mas as defesas podem também ser capazes de ver as coisas de forma diferente para a prática social alternativa. Uma "consciência" dos problemas, bem como impulsos inesperados, práticas sociais alternativas, "experiências não vividas" da própria história de vida de um indivíduo, ambições insatisfeitas podem também estar presentes na prevenção de conflitos. Há potencial para uma dinâmica de aprendizagem em rotinas defensivas, cognitivamente relacionadas com aspectos emocionais e práticos da participação do aprendiz nessa situação. Interpretações dos profissionais acerca dos desafios práticos de todos os dias podem muitas vezes ser entendidas como uma ambiguidade redutora de soluções de rotina e como pressentimento ou insatisfação explícita, como a própria interpretação das experiências gerais de médicos clínicos gerais (Salling Olesen, 2007).

Pode ser necessário salientar (novamente) que todos esses elementos na dinâmica psíquica são socializados, ou seja, incluem a instalação de constrangimentos sociais e auto-regulação do corpo humano. Voltando à subjetividade, isto não significa instalar uma determinação social em vez de uma biológica. Em vez disso, significa que nós vemos a incorporação da experiência de vida como a construção de experiência de condicionamento ao longo da vida – e, portanto, também uma fonte potencial de conhecimento. De um modo geral os aspectos defensivos e a realidade estão dialeticamente ligados para que se tenha o conhecimento da situação do mundo, e a aprendizagem ocorre nessa dialética. Aspectos cognitivos dessa dinâmica emocional também podem ser conceituados pelos conceitos de psicanálise consciente, pré-consciente e inconsciente, mas vou deixar a discussão da dinâmica subjetiva da consciência (s) por enquanto, e passar a explorar algumas de suas consequências em relação ao conhecimento e aprendizagem.

Aprendizado e Linguagem

Vou dedicar o resto deste artigo para o papel da linguagem nas relações entre as diferentes formas de experiência – conhecimento simbólico, sensibilidade ao contexto (reflexão), e imediata percepção sensitiva – conectando um conhecimento da perspectiva sociológica e o conhecimento psicodinâmico da simbolização cultural. Os recursos culturais que são mediados em formas simbólicas (linguagem) têm implicações para o processo de aprendizagem e experiência da vida cotidiana, e também para a metodologia de pesquisa.

O conhecimento é uma construção social com uma gênese histórica e com implicações, sempre adquirida e reconstruída por alguém em algum contexto, como a sociologia do conhecimento, teoria crítica e da filosofia pós-moderna têm apontado a partir de ângulos bem diferentes. A partir daí, pode-se dizer que não há diferença absoluta entre "conhecimento científico", "conhecimento formal", "saberes da prática social", "consciência da vida cotidiana" e "experiência de vida". As diferenças tipológicas podem ser definidas em relação à sua gênese (que gera cada tipo de conhecimento), aos contextos institucionais, às relações de poder e hegemonias, etc., mas as perguntas sobre "quem", "onde" e "quando" de conhecimento e de aprendizagem são mais produtivas do que a maioria das tipologias. A noção de experiência se alinha com essa noção pragmática do conhecimento e aponta para o aspecto subjetivo do conhecimento, especialmente para a questão de como os símbolos, significados e a linguagem conectam aspectos culturais com a experiência emocional e relacional individual, informada por um processo de socialização.

Para um indivíduo, o conhecimento subjetivo tem o *status* de recurso cultural para a compreensão da vida cotidiana, e também para mediar a totalidade da experiência de vida. Isso aparece claramente nas profissões e ocupações bem definidas (artesanato), que apresentam casos com um corpo bem definido de conhecimento. Em minha própria pesquisa empírica sobre médicos clínicos gerais (GPs), eu estudei o tratamento subjetivo das situações de trabalho diário com a utilização de uma base de conhecimento profissional biomédica (Salling Olesen, 2007). Às vezes, este conhecimento permite ao médico compreender e agir de uma forma relativamente sem problemas, em outros casos, ela não fornece um quadro muito útil. Há uma tensão dinâmica contínua entre a experiência coletiva da sociedade (conhecimentos biomédicos), a definição clínica e a experiência de resolução de problemas do indivíduo médico clínico geral. A tensão é controlada por um indivíduo subjetivamente comprometido com uma forte obrigação profissional, onipotente, e também com o fato de que tal tensão pode ser física e socialmente presente em relação a outro ser humano com problemas, ansiedades, etc. A relação institucional profissional entre o paciente e sua profissão exige que ele (a) seja capaz de agir, mas às vezes significa que a situação é definida (através do conhecimento biomédico) de uma forma a permitir uma ação (por exemplo, prescrever uma receita). Isso pode ser objetivamente uma ação mais ou menos adequada. Qualquer incerteza por parte do médico pode resultar em um processo defensivo, gerando dúvidas e insatisfação, mas também pode levar à aprendizagem. Por um lado, a interpretação da situação concreta é informada através de sua experiência de vida pessoal e, por outro, embora este seja um processo extremamente lento, pela sua experiência de vida, bem como a experiência clínica coletiva. Creio que as profissões são casos exemplares da interação entre o conhecimento social e a aprendizagem subjetiva em situações de trabalho, porque o conhecimento profissional é, por assim dizer, socialmente atribuída à situação de trabalho e o trabalhador profissional é subjetivamente envolvido em práticas complexas nas quais ele é responsável por ações baseadas em conhecimento. A noção de profissão inclui a identificação de cada indivíduo praticante, com o conhecimento, práticas e normas da profissão. No final, portanto, o engajamento subjetivo do indivíduo praticante será moral e politicamente relacionado com a qualidade do produto do trabalho ou do serviço prestado.

Eu penso que este ponto pode ser generalizado para a situação dos trabalhadores em geral. Evidentemente, algumas situações podem ser subjetivamente menos envolventes, o conhecimento necessário dos recursos pode não ser tão bem definido como nas profissões, e assim por diante. Conhecimentos em geral podem ser muito diferenciados entre indivíduos e grupos, e isto é essencial para a subjetividade (como no exemplo habilidades e conhecimentos de acordo com o sexo), principalmente em relação ao trabalho, que se baseia no conhecimento mais ou menos específico relacionado às profissões e ocupações, adquirido através da educação, formação e carreira profissional anterior. Mas essas diferenças significam apenas que a relação se torna mais complexa quando empiricamente expõe a natureza histórica do que parece geral.

A linguagem utilizada na prática social é fundamental para uma melhor compreensão da relação entre o engajamento subjetivo e os significados sociais envolvidos neste processo de conhecimento e aprendizagem. Em consonância com o conceito de Wittgenstein, que trata de jogos de linguagem, pode-se notar os significados da linguagem, tal qual definidos na interação social, em contínua renegociação, contendo o processo de experiência dos participantes no jogo, bem como sua comunicação. A partir desta perspectiva, a resolução de problemas em uma situação de trabalho se torna uma aplicação combinada dos recursos de linguagem na definição, reação ou deliberação de uma tarefa, e um impulso que ele/ela pode trazer para o jogo de linguagem. Já vimos como este uso da linguagem não envolve apenas a operação cognitiva da tarefa e da situação, mas um complexo de investimentos emocionais que são totalmente integrados e influenciam o funcionamento cognitivo.

Podemos desenvolver essa compreensão da linguagem, se olharmos para a "produção social" do usuário da língua. A constituição do sujeito individual é condicionada pela sua inclusão na cultura, e isso implica em ser um participante competente em seus jogos de linguagem. A teoria materialista de socialização de Alfred Lorenzer (Lorenzer, 1972, 1977) oferece uma compreensão fundamental da relação entre subjetividade individual (a encarnação de psique), cultura e linguagem (a codificação do conhecimento e da experiência coletiva em disciplinas ou discursos): A evolução biológica e a (necessária) interação social em torno das necessidades da criança gradualmente se juntam à produção da subjetividade individual. A díade mãe-filho é o primeiro tema comum nesta produção de padrões de prática. Posteriormente, por meio da separação gradual da criança da mãe, o padrão de interação produzido é o padrão entre a criança e a sua aquisição da linguagem. Através da separação e da interação com a realidade física e social, a criança constrói gradualmente a sua subjetividade individual. A experiência individual do ser-no-mundo é construída em torno da relação entre um corpo sensitivo, experiência social e sua representação em usar a linguagem da sociedade. Por fim, a aprendizagem irá elaborar essa relação e o sujeito se engajará em novos jogos de linguagem, com base nessa experiência.

Combinando estes elementos teóricos, podemos desenvolver um quadro de compreensão holística endógena para entender a subjetividade e a aprendizagem. A aprendizagem pode ser vista como uma adoção de jogos de linguagem, que permitem a significação das vivências do sujeito aprendiz. Devemos também enfatizar que a linguagem não é apenas discursiva. Qualquer sistema de símbolos sociais, que permita uma comunicação e um compartilhamento de significados, pode ser visto como linguagem. Diferentes línguas possuem diferentes características, podendo ter um significado para as instituições sociais de comunicação e de trabalho, e outro diferente para a experiência sentida e encarnada pelo usuário da língua. Tanto a música quanto a linguagem poética têm sido vistas como línguas, com um potencial particular para comunicar as experiências e que não foram incluídas/expressas na linguagem discursiva comum. Elas podem ser vistas como diferentes jogos de linguagem dentro ou fora da linguagem comum.

Para a teoria crítica, a realidade objetiva específica de trabalho e as qualidades específicas da situação de trabalho são condições decisivas para o objetivo de aprendizagem, porém o acesso à realidade não é simples e direto. Epistemologicamente a dialética sujeito-objeto da teoria de aprendizagem é semelhante para as reflexões das ciências sociais que se afastam do naturalismo sem chegar a um construtivismo relativista. Segundo a crítica de Adorno sobre a ciência social positivista, a questão da teoria crítica está em reconfigurar o "fato" social ou ação em seu contexto histórico e subjetivo, ou seja, para entendê-lo como dinâmico e não como um objeto fixo (Adorno, 1969/1976). Esta posição reinstala o caráter histórico e subjetivo da teoria como um ato de aprender sobre a realidade (investigação empírica) e sobre o sujeito aprendiz (ciências sociais) uma vez que os sujeitos, em suas experiências, (cientista social) já são também parte da realidade social. Embora nós não estejamos perseguindo aqui uma sociologia do conhecimento ou uma questão meta-científica, este é um instrumento útil para a compreensão da aprendizagem como um processo vivencial.

Em um nível individual, a aprendizagem é baseada na dinâmica subjetiva da construção do conhecimento. Na prática social, atividade cognitiva é condicionada à dinâmica subjetiva – como, por exemplo, a interação pessoal na clínica para o médico clínico geral. A dificuldade de expressar certos aspectos da experiência individual nos jogos de linguagem disponíveis na situação, nem sempre é somente a dificuldade de um objetivo, podendo muitas vezes ser influenciada pela edição de padrões de defesa. No que se refere ao sentido, há experiências individuais mais ou menos conscientes que não são representadas no jogo de linguagem, mas que ainda estão presas a ela por meio de cada participante, e há ainda outras experiências que estão representadas no jogo de linguagem de uma forma que não cobrem totalmente o significado referencial ou a qualidade emocional que elas têm em relação a alguns participantes. Por esta razão significados sociais estabelecidos no uso da língua são sempre cercados por um "halo" do significado excedente, que pode ser apenas parcialmente social, referindo-se à quantidade de experiência que é socialmente estruturada, mas não culturalmente reconhecida, permanecendo no limite do significado social. Recursos de aprendizagem podem ser encontrados além do limite de construção de significado linguístico.

Por serem em parte conscientes, e em parte inconscientes ou pré-conscientes, estes processos de construção de experiência podem ser rastreados no uso da língua, sendo assim uma razão essencial para a sua aplicação em uma interpretação hermenêutica mais profunda. Nós reconstruímos e identificamos as experiências de prática social que residem nos discursos e imagens de uma entrevista. Histórias de vida são peças de (re)construção da identidade, onde uma (nova) posição é tomada durante as interpretações culturalmente possíveis das posições, neste contexto. Ao mesmo tempo, estamos atentos as ambiguidades, rupturas e aspectos marcantes do que é dito e, em certa medida, à maneira de dizer. A interpretação inclui significados subjetivos que são óbvios e bem definidos nos jogos de linguagem, bem como aqueles que estão apenas vagamente ou não articulados no discurso das entrevistas. Com os conceitos teóricos e conhecimento do contexto, as observações do texto podem identificar a dinâmica, as incertezas e as expressões ambivalentes. Por exemplo, a relevância do trabalho se reflete no lamaçal das experiências corporais e conscientes e sua articulação linguística, envolvendo significados culturais e individuais. A multiplicidade de significados e transformações culturais (por exemplo, conhecimento acadêmico) são terrenos nos quais o processo subjetivo de construção de significados pode ser articulado.

Conclusão

Estamos estabelecidos com a intenção de compreender o significado subjetivo da educação e formação para os aprendizes. Relatos biográficos de cada experiência de aprendizagem fornecem uma compreensão holística e situada e da aprendizagem, que permite uma compreensão do aprendizado que pode ser sentida pelo aprendiz. Mas pode também deixar uma sub-teorização dos processos de aprendizagem. A ambição adicional é levar o entendimento dos aprendizes além de uma perspectiva individualista. O projeto História de Vida em Roskilde analisa a dinâmica subjetiva da experiência concreta de aprendizado. Inspirada em uma interpretação psicanalítica da cultura em um contexto social, identificamos conceitos-chave para a compreensão do conhecimento, do saber e do aprender, principalmente em relação ao trabalho e ao sexo. A teoria de linguagem orientada da socialização conecta ideias sobre a constituição do sujeito aprendiz individual com um esboço de uma teoria geral sobre a dinâmica subjetiva da aprendizagem e da produção cultural.

Notas

O projeto História de Vida na Universidade de Roskilde é um projeto teórico e metodológico. Baseado em uma série de projetos empíricos, são explorados modelos conceituais de análise e experimentados uma variedade de métodos empíricos para a produção de dados e para interpretação (Salling Olesen, 1996, 2004c; Weber, 1998, 2001, 2007; Salling Olesen e Weber, 2002; Weber e Dybbroe, 2003). Dependendo do caso particular, as interpretações são tematicamente centradas no trabalho e/ou sexo, partindo do princípio que estes temas organizam (os mais) importantes aspectos do aprendizado.

Os estudos empíricos de aprendizagem em uma ampla variedade de grupos e situações estão disponíveis no projeto História de

Vida na http://www.ruc.dk/paes/forskning/livslang/livshistorieprojektet/publikationer_1/

O projeto recebeu financiamento do Conselho de Pesquisa Dinamarquês "Programa de Pesquisa Social". Deve-se ressaltar que esta noção de experiência tem implicações substancialmente diferentes das de Dewey (1916, 1934), especialmente em um contexto acadêmico do ensino da língua inglesa. A aprendizagem experimental de Dewey é uma resposta crítica ao tipo de educação longe da realidade, normativa e opressora, e, portanto neste contexto é tida como uma crítica adequada. Mas a sua noção de experiência foi bastante racional (humanística) e "cientificista". Ao analisar as profissões, tenho trabalhado na criação de um modelo heurístico, que dirige a atenção para uma dinâmica semelhante, e acredito que este modelo pode ser elaborado como uma representação mais geral de aprendizagem relacionada ao trabalho (Salling Olesen, 2007). A pesquisa sobre os profissionais em geral tem recebido o apoio do Conselho de Pesquisa Dinamarquês de Ciências Humanas e da Fundação de Seguro de Saúde Pública.

Agradecimentos

Este artigo foi publicado em uma forma ligeiramente diferente na revista Estudos em Educação de Adultos, uma das publicações mais influentes do Reino Unido em educação de adultos. A revista pode ser encomendada com a editora através do endereço: subscriptions@niace.org.uk. Quero agradecer ao editor, professor Miriam Zukas, pela permissão e comentários editoriais. Quero agradecer pelas discussões com os alunos, colegas e professores convidados da Escola Superior de Aprendizagem, bem como uma série de comunidades bastante diferentes das quais vou citar apenas algumas: A ESREA Trabalho-Vida e Aprendizagem, Biografia e Vida. Equipes de pesquisa de histórica, a Conferência de Pesquisa Trabalho e Aprendizagem e a International Research Group pelas análises psicossociais que estabeleceram as questões e os desafios que este artigo tenta responder e que trouxeram inspiração, argumentos e sugestões pelos quais eu sou grato.

Referências Bibliográficas

Adorno, Theodor W. (1969/76): *The positivist dispute in German sociology.* London: Harper Torchbooks

Adorno, Theodor W. (2000): *The Adorno Reader.* Edited by Brian O'Connor. Oxford, Blackwell

Billett, Stephen (2001): *Learning in the Workplace: strategies for effective practice* Crows Nest, NSW. Allen & Unwin. Dewey, John (1916): *Democracy and Education*, N.Y. Macmillan /Free Press 1966

Dewey, John (1938): *Experience and Education*, N.Y. Macmillan/Collier

Eraut, Michael (1994): *Developing Professional Knowledge and Competences.* London/Washington: The Falmer Press

Hodkinson, P. 2004: paper at the 7th conference of ESREA research network Working Life and Learning at Northern College, 2004. Also in keynote at the RWL4-conference, Sydney, Dec 2005. Unpublished.

Leithäuser, Thomas (1976). *Formen des Alltagsbewusstseins.* Frankfurt: Campus.

Leithäuser, Thomas & Volmerg, Birgit (1989). *Psychoanalyse in der Sozialforschung*, Opladen: Westdeutscher Verlag

Leledakis, K (1995): *Society and Psyche. Social Theory and the Unconscious dimension of the Social* . Oxford: Berg Publishers

Liveng, Anne (2007): Omsorgsarbejde, subjektivitet og læring. Social- og sundhedshjælperelevers orienteringer mod omsorgsarbejdet og deres møde med arbejdets læringsrum. PhD-dissertation. Graduate School in Lifelong Learning, Roskilde University

Lorenzer, Alfred (1972). Zur Begrundung einer materialistischen Sozialisationstheorie. Frankfurt: Suhrkamp.

Lorenzer, Alfred (1977). *Sprachspiel und Interaktionsformen. Vorträge und Aufsåatze zur Psychoanalyse, Sprache und Praxis.* Frankfurt: Suhrkamp.

Negt, Oskar (1999). *Adorno's Begriff der Erfahrung*. Das Argument Sonderbd 229. Main: Zweitausendeins. Reprinted in Der unterschätzte Mensch (2001).

Salling Olesen, Henning (1989). *Adult Education and Everyday Life*. Roskilde, Adult Education Research Group, 2/1989

______(1994). Qualifying Adult Women for Employment. in: Tanja Vilic-Klenovsek/Salling Olesen: *Adult Education and the Labour Market*. Ljubljana, Andragoske Center

______(1996). Experience, Life History and Biography. In Henning Salling Olesen & Palle Rasmussen (Eds.), *Theoretical Issues in Adult Education. Danish Research and Experiences* Frederiksberg: Roskilde University Press.

______(2000) Professional Identity as Learning Processes in Life Histories, Papers from the Life History Project 12. Roskilde University, Department of Educational Studies. Also published in modified version in Weber (2001).

______(2001). Professional Identities as Learning Processes in Life Histories. Journal for Workplace Learning 13 (7-8) (290-97).

______(2002a): 'Experience, language and subjectivity in life history approaches – biography research as a bridge between the humanities and the social sciences?". Paper at International Sociology Association conference, Brisbane, 2002. Working Papers from the Life History Project 14, Roskilde 2002.

______(2002b): Review, Norman K Denzin: Interpretive Interactionism, in Forum Qualitative Social Science, 3 (4), 2002 (Internet Journal).

______(2004a). Work related learning, identity and culture. New work – new genders? New genders – new work? In Ewa Kurantowicz et al. (Eds.), *Old and New Worlds of Learning*, Wroclaw: Wydawnictwo Naukowe, 2005 (25-39).

______(2004b). The learning subject in life history – a qualitative research approach to learning. In Maria Helena Menna Abrahao Barreto (Ed.), A Aventura (Auto)Biographico. *Teoria & Empiria*. Porto Alegre: EDIPUCRS.

______(2007). Be(com)ing a General Practitioner. Professional identities, Subjectivity and Learning. In: L. West et als (eds): *Using Bio-*

graphical and Life History Approaches in the Study of Adult and Lifelong Learning. Frankfurt aM/Berlin/Bern/Bruxelles/N.Y./Oxford/Wien: Peter Lang Verlag

Salling Olesen, Henning & Weber, Kirsten (2001). Space for experience and learning. Theorizing the subjective side of work. In Kirsten Weber (Ed.), *Experience and Discourse*, Frederiksberg, Roskilde University Press.

Salling Olesen, Henning &Weber, Kirsten(2002). Chasing Potentials for Lifelong Learning. Zeitschrift fur Qualitative Bildungs-und Beratungsforschung 2. Leverkusen: Leske+Budrich (283-300)

Weber, Kirsten (Ed.) (1998). *Life History, Gender and Experience. Theoretical Approaches to Adult Life and Learning.* Roskilde University: Adult Education Research Group.

Weber, Kirsten (Ed.) (2001). *Experience and Discourse.* Frederiksberg: Roskilde University Press.

Weber, Kirsten & Dybbroe, Betina (2003). "She was really out of Control". Aggression and Identification in Social Work. Paper for the ESREA Biography and Life History Research Network Conference, March 2003.

Wenger, Etienne (1998). *Communities of Practice.* Cambridge: Camb. Univ. Press.

Histórias de vida: sentidos e projetos

ÁLBUNS DE FOTOS DE FAMÍLIA, TRABALHO DE MEMÓRIA E FORMAÇÃO DE SI

Christine Delory-Momberger[1]

"A imagem está [...] sempre ligada, geralmente, profundamente, a um sujeito, um "eu", a suas ações, condições e percepções, a suas singularidades infinitas".

Andre Rouille (2005, p. 272)

Durante muito tempo, o álbum de fotografias de família foi uma garantia da memória familiar. Herdado de gerações anteriores, ele é testemunha, em imagens, de uma história, de laços familiares. Ele mostra, no passado, momentos, personagens e rostos. Ele entrelaça as gerações e o tempo de uma fotografia; reúne membros, amigos da família dispersos geograficamente ou desaparecidos. Ele tece, ao longo das fotografias tiradas em momentos solenes ou simplesmente triviais, uma memória da família que quer ser um lugar tranquilizador de certezas, de estabilidade, de confortos identitários. Iniciado em períodos de transição da vida, como a adolescência, o início da vida conjugal, o nascimento de uma criança, o álbum será mais imediato, levado a transformar o vivo do presente em um passado de lembranças.

1. Tradução: Vera Lucia Gaspar da Silva (docente da UDESC) e Nelson Maurílio Coelho Junior (aluno especial do PPGE/UDESC). Revisão do original: Michel Guy Abes. Revisão final: Juares Segalin.

A revolução digital gradualmente fez desaparecer a prática do álbum de fotografias tal qual era concebido até o último quarto do século passado. Quase não nos envolvemos mais com o arquivamento de fotografias em álbuns de papel que ocupavam lugar em armários ou prateleiras das casas. Mas a prática ainda existe e tomou outras formas, com álbuns virtuais que encomendamos em agências de produção digital ou com diaporamas classificados no computador. Ambas as práticas, de formas diferentes, testemunham um desejo de capturar momentos fugazes da realidade que poderíamos inscrever na perenidade de um tempo reencontrado. O álbum seria o suporte no qual a memória encontraria um ponto de fixação e representaria uma fonte de documentos que permitem reviver ou reconstruir uma história pessoal e familiar.

Tanto quanto a fotografia artística, e de uma forma talvez mais ambígua, por causa de seu status e de sua função, a fotografia do álbum de família coloca a questão de sua relação com o "real". A imagem fotográfica não dá acesso direto às cenas e aos personagens representados: "A fotografia é muito mais do que uma simples imagem de um fragmento do real" (Baudet, 2004, 38); Ela não coloca "o real e a imagem frente a frente, numa relação de aderência" (Rusty, 2005: 17); é uma mediação entre uma realidade vivida pelo fotógrafo e a realidade vivida ou imaginada por aquele que vê a fotografia. No entanto, o face-a-face com imagens do passado permite a recuperação de lembranças, fornece um espaço de encontro dos indivíduos com sua própria imagem e a daqueles que lhes são próximos, ativando assim um trabalho biográfico que participa de um movimento de construção de si.

Mas o que acontece no confronto com estes "gatilhos de lembranças" (Barthes, 1980), que são as fotografias, de onde, muitas vezes, a memória se ausenta ou transborda do quadro das imagens? O que aprendemos sobre as imagens, o que nos dizem que esses personagens congelados em posturas imutáveis em retângulos de papel glacê? E sobre as fotografias "mudas", que não dizem nada, e as fotos ausentes que sempre ignoraremos, que nos faltam ou que adivinhamos?

1. Os álbuns de família: uma nova prática social

A invenção da fotografia em 1839 vai gerar, na segunda metade do século XIX, novas práticas sociais no seio da sociedade burguesa, que se apodera desta tecnologia para encenar a si mesma. A sociedade burguesa, cujo poder econômico se afirma ao longo do século, é uma sociedade de representação tanto social quanto pessoal. No decorrer do século XIX, o sentimento crescente da individualidade foi acompanhado e reforçado por um conjunto de práticas simbólicas que caminham no sentido da identificação social do ser individual: na sociedade dominada pela burguesia, em que o indivíduo primeiramente é definido pela atividade exercida, o estatuto social e o estatuto pessoal tendem a se confundir. A fotografia, posta ao serviço das necessidades de representação da sociedade burguesa, vai desenvolver uma arte de colocação em imagens de si em que se vê o sucesso pessoal e social. O retrato, antigamente restrito a determinadas camadas da aristocracia e da burguesia, se generaliza no conjunto da classe burguesa e se impõe sob múltiplas formas: pintado, gravado, exposto ou oculto, nas paredes, nos álbuns, nas sepulturas, como pendente, como medalhão, e fotográfico na segunda metade do século. O retrato vai permitir acessar a posse, mas também uma forma de lidar com sua própria imagem e se prestar para a encenação de si mesmo. A fotografia vai incentivar ao máximo a preocupação com a imagem, que se manifesta tanto pela pose exigida pelo tempo de exposição da chapa fotográfica, quanto pelos fundos e paisagens preparados pelos fotógrafos. Como a história de vida, mas com os meios e a linguagem que são só seus, a fotografia compõe corpos, rostos, momentos da vida e os relacionamentos entre os seres. A fotografia do século XIX não deixa nada ao acaso e fixa homens, mulheres e crianças em posturas estudadas que dizem o lugar de cada um na estrutura familiar. Reunidas no álbum, as fotografias acompanham o desenrolar da vida, participam de uma sensação de identidade pessoal através do tempo e contribuem para forjar e transmitir a memória familiar (Delory-Momberger, 2000, 2004).

A família está no coração da ideologia burguesa. Ela garante a continuidade da linhagem, procura assegurar sua própria perenidade pela transmissão geracional dos comércios ou dos cargos profissionais. Constrói uma cultura própria que ela mantém através de rituais, costumes, uma linguagem em que se reconhece. Esta cultura servirá para se diferenciar de outras famílias, para construir uma individualidade, mas também, através de um jogo de semelhanças com as outras culturas familiares, para marcar seu pertencimento à sua classe. A cultura familiar permite um posicionamento identitário coletivo e individual, já que cada membro preencha seu papel e ocupe seu próprio lugar. O álbum oferece uma crônica familiar objetivada numa colocação em imagens de cenas de vida e de retratos de personagens. Ele carrega a memória familiar; sua composição atua através de uma seleção daquilo que é combinado "de esquecer para sustentar, manter, transmitir o mito de um grupo familiar" (Neburger, 1995, 32), que afirma que "são de cada um as expectativas dos seus familiares no que diz respeito a seu destino e à natureza das relações entre uns e outros" (Gaulejac, 1999, 56). O álbum é enriquecido ao longo do tempo; ele é transmitido, se torna um legado simbólico para as gerações vindouras.

O álbum vai gradativamente alcançar as classes médias e as classes mais baixas. A invenção, em 1906, da câmera Kodak Brownie, de manuseio simples e a preço baixo, abriu a espaço a uma democratização da prática social do álbum. O slogan publicitário "Todo mundo fotografa" (Laumière, 1914), vem competir com os estúdios de fotografia e fotógrafos ambulantes que, até então, detinham o monopólio de fotografar os grandes acontecimentos da vida. Mas a primeira onda de aquisição de equipamentos para a fotografia amadora começou somente em 1930, apesar das tentativas comerciais do início do século realizadas através dos manuais de fotografia e catálogos de vendas de equipamentos para trazer a fotografia para as classes populares. Embora permaneça, no início, essencialmente uma prática reservada aos mais atrevidos, ela se estenderá, ao longo das décadas seguintes, e o álbum de fotografias de família tornar-se-á um atributo de cada família. Os personagens fotografados ainda posam nele. Nós encontramos a mesma preocupação com os tipos de representação com fotografias típicas: a reunião da família inteira em torno de um recém-nascido; ao redor dos recém-casados; dos comungantes com a vela na mão; casais, fotos de crianças com brinquedos, fotos de turma, etc. Também existem fotos de profissões: comerciante em frente à sua loja, o açougueiro ao seu balcão, etc., mas, aos poucos, os corpos se soltam, as fotografias tornam-se mais "naturais" para se aproximar dos instantâneos da vida. Nos álbuns, as fotografias tiradas pelo fotógrafo em ocasiões solenes dividem o espaço com fotos de amadores. O desejo de capturar momentos da vida predomina cada vez mais e os álbuns do final do século XX, praticamente, não contêm mais fotografias tiradas no fotógrafo. A invenção do digital irá acentuar esta tendência, uma vez que a tecnologia permite tirar quantas fotos quiser, sem se preocupar com os custos da sua impressão. Além disso, o álbum de fotografias permanece, muitas vezes, virtual, com imagens armazenadas nos aparelhos e que fazemos desfilar, de vez em quando, na tela.

2. Dois fotógrafos na tradição dos albuns de família: Jacques-Henri Lartigue e Marie Prunier

Parece-me interessante relacionar com o que precede a obra dos fotógrafos Jacques-Henri Lartigue[2], artista confirmado/reconhecido internacionalmente e Marie Prunier, uma jovem fotógrafa contemporânea de trinta anos, porque seu trabalho está próximo da estética do álbum de família ou porque eles brincam com ela. A obra de Jacques-Henri Lartigue deve ser recolocada dentro do movimento de democratização da prática fotográfica do início do século XX, do qual, do ponto de vista artístico, foi um precursor. Nascido em

2. Donation Jacques-Henri Lartigue: http://www.lartigue.org

1894, ele começou a fotografar com o aparelho de seu pai, quando tinha apenas seis anos. Aos dez anos, ele começa a documentar seu universo familiar fotografando suas brincadeiras de infância, seus familiares, seu universo extra-familiar com seus amigos, as pessoas que encontra no curso de seus passeios ao longo das alamedas do *Bois de Boulogne*, nas ruas, ao acaso de suas viagens, os ambientes do início da modernidade, os carros, os aviões. As fotos são coladas num caderno que, na maioria das vezes, ele mesmo fabrica, acompanhadas de pequenos textos ou de desenhos. São seus Álbuns de Vida. A obra de Lartigue, autobiográfica, é centrada sobre a vida cotidiana. Ela se situa na linha da prática do álbum de família que ele usa de forma extensiva. A massa de fotos que ele produz ao longo de sua existência representa uma soma antropológica que cobre boa parte do século XX. Seu nome "sugere espontaneidade, autenticidade e invenção" (Moore, 2003). John Szarkovski dizia que ele "fotografava com seu corpo". Ele tira fotos com muita naturalidade, refletindo uma bela vivacidade. Inventa o que ele chamou de "a estética do instantâneo". Mas a fotografia foi, acima de tudo, para Lartigue, uma arte de viver em imagens.

A obra *Familiar*[3] de Marie Prunier inscreve-se num olhar renovado sobre as fotos de família, "com pose" de maneira clássica. Ela diz ter permanecido seis meses na Islândia e ter percorrido a ilha de bicicleta todos os dias, para ir ao encontro de seus habitantes. No museu de arquivos da cidade, descobre centenas de retratos do século passado colados em álbuns de fotografias de família. Para sua grande surpresa, ela acredita "reconhecer" os rostos das fotos nos dos islandeses que ela encontra. Marie Prunier decide tentar aproximar uns dos outros. Ela coloca lado a lado uma fotografia antiga, em preto e branco, e uma fotografia em cores que ela realiza com a qual parece reproduzir as posturas dos personagens. Mas ela não respeita a simetria, não copia a fotografia antiga; faz aparecer as correspondências dos ros-

3. O trabalho fotográfico Familiar de Marie Prunier pode ser consultado em seu site www.marieprunier.com.

tos e dos corpos através de um jogo de diferenças entre seus traços e suas expressões. Um exemplo: uma fotografia antiga representa uma criança com um colarinho branco, em pé sobre uma cadeira ao lado de sua jovem mãe, vestida de uma saia clara quadriculada e com uma camisa preta, com os cabelos separados em duas tranças puxadas para trás. A fotografia colorida que fez de Marie Prunier apresenta um moço de joelhos sobre uma cadeira, próximo de uma moça vestida com uma calça larga, de cor clara, e um pulôver irlandês. Ela tem igualmente os cabelos separados, mas estão soltos nas costas. Se os trajes são diferentes e até se o personagem da criança se transforma em moço, a semelhança aparece nos rostos que parecem ter sido feitos através de um decalque de um sobre o outro, de um século para o outro. Marie Prunier cria, assim, um novo álbum de família fictício, no qual seria interessante estudar os efeitos de produção de identidade coletiva.

2. O trabalho da memória: memória, esquecimento, dormências

O álbum de fotos de família inclui três modos de expressão: as fotografias, as legendas e a sucessão diegética de imagens. Através desses dados, uma história familiar é construída, uma memória é tecida, vozes se elevam, manifestando desejos e crenças. O álbum formula uma mensagem para as gerações futuras.

Mas como é recebido este "patrimônio comum de imagens" ao longo dos tempos? (Muxel, 1996). Qual é a natureza da memória que permite contatar as representações de si, das pessoas e das cenas nas imagens?

As fotografias têm um efeito de "presentificação" das lembranças: quando cremos nos lembrar do dia ou do evento fotografados, dizemos que "nós revemos" a criança ou o jovem que poderia ter sido nós ou que "revivemos" a cena. Em seguida, apelamos para a memória afetiva, que Jean-Yves e Marc Tadié definem como "aquela que nos faz sentir, evocando uma lembrança, um sentimento, uma impressão, uma sensação" (1999, 167). A imagem é particularmente adequada para este tipo de memória, pois envolve emoção e ativa o afeto. A memória emocional raramente funciona sozinha. É acompanhada pela memória imaginativa com que "... nós recriamos, pela imaginação, a impressão que pensamos ter ressentido na época em que [o fato] ocorreu" (1999, 175) e da "memória sensorial, que "não é mais a lembrança imaginada da sensação que estávamos sentindo", mas "a própria que reaparece" (1999, 175). No momento em que estamos diante da imagem, não "re-vivemos" a cena, mas a vivemos pela primeira vez em sua emergência de origem. Nosso olhar é investido pelo aqui e agora da nossa história, que não é mais a mesma que no momento da fotografia: "A nossa personalidade mudou, a realidade do evento mudou ao longo dos anos" (Tadié, 1999, 175).

Estes três tipos de memória combinados levam-nos a construir lembranças imaginárias, porque elas são nossas, chegam a formar a "realidade" de nossa memória e de nossa história.

Quando estamos diante de imagens de personagens que não conhecemos ou velhas fotografias de nossos entes queridos, apelamos para a memória por associação. As fotografias são "testemunhas externas" que se tornam sinalizadores para a reconstrução do passado de uma família e o estabelecimento de relações com as pessoas, os eventos que estão registrados em figura ou gravados (Tadié, 1999, 162).

Três outros tipos de memória são chamados para este trabalho: a memória voluntária, que nos faz procurar intencionalmente lembranças construídas ou vivas para esclarecer a fotografia; a memória involuntária, que remete de repente a uma sensação (a uma imagem visual, a um cheiro, a um som, a um sabor, a uma impressão tátil) e a memória afetiva, com a qual vamos reter a nova lembrança, porque está ligada a uma emoção que será produzida olhando a fotografia. A lembrança-objeto que representa a fotografia terá encontrado o caminho para a sua própria memória; ter-se-á tornado uma lembrança própria.

Nossa memória é fragmentária e as fotografias vêm, às vezes, preencher vazios, espaços de silêncio e de esquecimento. O trabalho de memória que é feito não pode pretender reconstruir a "verdade" de uma biografia da família: ele reconfigura um conjunto heterogêneo de lembranças marcadas ou que se tornaram confusas; impressões fugazes, misturadas com lendas, boatos, ausências, segredos. O trabalho de memória preenche algumas lacunas, redistribui a história familiar de acordo com pontos sobressalentes, nos faz entrar em relação com personagens e nos forja uma memória biográfica (Tadié, 1999, 159).

A memória é flutuante, ela é feita de lembranças e de esquecimentos dessas lembranças. "Sem esquecer a memória seria impraticável" (Bailly, 2010, 8). A memória total que manteria cada detalhe de uma vida, cada história contada, não existe (Tadié, 1999). A memória é "um continente em movimento, constantemente invadido, ameaçado" e a lembrança é "um poder autônomo, rebelde, (...) esquecer não é o seu oposto" (Bailly, 2000, 8). A memória também inclui dormências, que Jean-Christophe Bailly compara com a propriedade que têm os grãos e as sementes de conservar, durante anos, sob uma aparência inerte, seu poder de germinação (2000, 8). O esquecimento mora nestas dormências e uma fotografia pode despertá-lo, utilizando os diferentes tipos de memória que acabei de mencionar. O despertar das dormências é aleatório, determinado por fatores muitas vezes fugazes, imprevisíveis, mas o poder da imagem – mais que o das palavras – tem efeitos sugestivos que podem tocar na própria substância da pessoa. As dormências são repositórios de lembranças enterradas, escondidas, de coisas não ditas, de segredos, de pressentimentos, de ressentimentos, de rancores, de raivas que resistem, com medo de uma ruptura que viria mexer com tudo, que somente pedem para aflorar ao conhecimento, até mesmo se ela for dolorosa, que se liberam do silêncio onde foram obrigados a entrar para vir iluminar fragmentos de uma história.

O acesso à memória contida nas imagens não é imediato. Ele passa por reconstruções: afetiva, imaginativa, sensitiva, voluntária e involuntária. Estas operações contribuem para a formação de si, abrindo espaços identitários para nós. Mas será que conseguimos atravessar o desconhecido das imagens? A superfície plana e gelada de uma fotografia colocada diante de nós não permanece, finalmente, selada para sempre? Deve-se então olhar para a fotografia, olhar de novo, com intervalos de tempo, deixar-se absorver por ela, deixar acontecer as sensações, as impressões, as imagens, talvez diferentes a cada vez, mas todas reais, que durante um tempo se tornam partes de nós mesmos.

A escrita e a imagem na obra de dois escritores: W. G. Sebald e Annie Ernaux

Dois escritores contemporâneos, W. G. Sebald e Annie Ernaux, que associam a escrita e a fotografia num certo número de suas obras, trazem uma contribuição singular à reflexão sobre as ligações existentes entre o trabalho da memória, a construção biográfica pessoal e a biografia coletiva. Sebald, escritor nascido na Alemanha em 1944, professor da Universidade de East Anglia, condado de Norwich, na Inglaterra, morto numa estrada inglesa num acidente de carro aos cinquenta e sete anos de idade, soube misturar lembranças pessoais e históricas criando, em seus romances, uma rede complexa de narrativas, de descrições, de lembranças, de imagens mentais às quais se juntam, no texto, fotografias em preto e branco de objetos, monumentos, paisagens. A construção narrativa parece sem nexo, mas, no decorrer de sua leitura, o leitor constrói seu próprio caminho de compreensão pela reconstrução de uma história que tem a ver ao mesmo tempo com o romance, o documento, o ensaio, a enquete, o diário de viagem. Sebald falava de sua obra como de uma "prosa narrativa". Suas ficções, marcadas por uma radicalidade próxima daquela de Thomas Bernhard, exploram o espaço das cidades em busca de sua memória e, ao acaso de encontros com personagens com existências marcadas pela História, em particular a da Segunda Guerra mundial, aborda os temas do exílio, do suicídio, da morte e da destruição.

Sua obra é uma resistência à tentação do esquecimento coletivo (amnésia coletiva) que se segue a cada ato de barbárie. A presença das fotografias lembra os traços da tragédia; os objetos sinalizam que houve presença humana; os monumentos são interrogações à memória coletiva da qual são detentores; as paisagens são os cenários que foram testemunhas. "P*ara mim,* diz Sebald, "as fotografias são uma das encarnações dos desaparecidos, particularmente as fotografias mais antigas daqueles que nos deixaram. [...] Através destas imagens, eles têm verdadeiramente para mim uma espécie de presença espectral" (Schwartz et al., 2009, 47). Mas ele diz também: "a prova mais convincente para mim não é a presença de uma fotografia, mas justamente sua ausência" (2009:79). Presença e ausência das fotografias, presença ocultada dos mortos nos vivos, ausência dos vivos deles mesmos, anestesiados pelo silêncio. A memória coletiva dá de novo aos vivos e aos mortos a memória individual, uma e outra tecendo sua rede contra a fuga e o esquecimento.

Austerlitz (2001) me parece ser a ficção mais emblemática do trabalho feito por Sebald na reconstituição das ligações entre memória individual, memória coletiva e memória cultural, através do exemplo de um destino humano, aquele de Jacques Austerlitz. O narrador encontra seu protagonista um dia na estação de Antuerpe. Os dois homens se falam, se revêem de vez em quando e, no decorrer do tempo, Austerlitz conta sua história ao mesmo tempo em que a descobre. Criado por um pregador galês e sua mulher, dos quais não é o filho, ele aprende seu verdadeiro nome aos dezoito anos. Começa então uma busca alucinada e dolorosa por um passado chumbado pela amnésia coletiva e pela culpa. Austerlitz foi uma das crianças pegas pelos transportes organizados para a Inglaterra para salvar crianças judias durante a Segunda Guerra mundial. As fotografias em preto e branco, que semeiam e pontuam o texto, atestam uma realidade tangível de objetos, de lugares, de paisagens, como contrafogo às turbulências e hesitações provocadas pela dúvida, a incredulidade, o horror que conheceu Austerlitz ao longo de sua busca identitária. As fotografias "seguram" o texto que parte em digressões, travessas e considerações ecléticas; elas o trazem de volta ao vivo do sujeito, o protagonista, pela necessidade de arrancar seu passado do silêncio. Mas este trabalho de memória não lhe trará a paz, pois seu destino não lhe pertence: ele faz parte de uma história coletiva que deveria ser trabalhada coletivamente.

Em seu livro autobiográfico *Les Années,* publicado em 2008, Annie Ernaux conta sessenta anos de sua vida montando um autorretrato que se inscreve em uma história coletiva. Ela nunca utiliza uma escrita na primeira pessoa "eu", mas na terceira – "ela" –, e ela narra uma história pessoal tendo por pano de fundo acontecimentos e fatos sociais que marcaram as diferentes décadas. Ela tenta entender como sua construção de si se fez num movimento circular entre o íntimo e o social, o pessoal e o coletivo. Cada capítulo se inicia com a descrição de uma fotografia – que nunca é mostrada ao leitor –, representando o autor numa determinada época de sua vida. A fotografia é, como para Sebald, uma referência contra o esquecimento. Mas para Annie Ernaux não existe tragédia.

As imagens permitem balizar o fluxo do tempo que passou e que ela tenta explorar. Da ocupação até a Guerra da Argélia, ou até maio de 68, da conquista do espaço até a crise do petróleo, a geração Mitterrand, a queda dos Muros ou a escalada do terrorismo, ela chama as imagens, em particular fotográficas, que marcaram e fizeram as representações dos acontecimentos e das quais ela reavive a presença, sem jamais "mostrá-las", no imaginário do leitor.

Annie Ernaux diz de seu empreendimento: "Este não será um trabalho de rememoração, tal qual se entende geralmente, visando a realizar o relato de uma vida, *uma explicação de si. Ela somente olhará nela mesma para reencontrar o mundo, apreender a mudança das ideias, das crenças e da sensibilidade, a transformação das pessoas e do sujeito*" (Ernaux, 2008, p. 43). História de um percurso pessoal ligado à história coletiva de um país, bordada com fotografias que testemunham uma realidade que a narrativa, para compreender, tenta apreender com palavras.

3. A formação de si à prova de imagem

Olhar uma imagem suscita uma reconstituição da lembrança da cena fotografada, uma rememoração dos personagens e um reposicionamento espacial e temporal de si. Neste trabalho de reconfiguração biográfica, nós retomamos a imagem, a fazemos deslizar para dentro de uma atualidade atravessada por emoções presentes, recordações do passado, efeitos de conhecimento. As fotografias atestam uma existência. O que é fotografado "foi" (Barthes, 1980) assim naquele momento, mas ele atesta também a presença de um fotógrafo, pois, sem ele, a imagem não seria como ela é. Este "apanhador de imagem" nunca é visto, mas a cena, as pessoas fotografadas foram apanhadas no seu gesto do momento, no seu olhar e na sua relação com o aqui-e-agora de seu ato. O fotógrafo existe na imagem; o apanhador de imagem *fica preso* na fotografia, como nós, mesmo que não figuremos nela. Todos estes "fora das imagens" participam da percepção da imagem.

A ideia, emitida por Gilles Mora e Claude Nori, de um "território epifânico" da fotografia, quer dizer de um *surgimento*, de uma *aparição* da imagem a cada novo olhar colocado sobre ela, me parece ter conservado toda a sua força (Mora, 1983). O território epifânico é um espaço performativo (Wulf, 2004), um espaço que se realiza nas leituras sempre renovadas que fazemos de uma fotografia. É neste território epifânico e performativo que aparecem as potencialidades de *formação de si* da fotografia quando ela se torna *foto-biografia*. Olhar uma fotografia é fazer a experiência de situações, de lugares, de personagens, conhecidas e desconhecidas, que surgem em nosso presente. Olhar uma fotografia é fazer um trabalho de memória no qual lembranças reais e lembranças construídas se entrelaçam. Olhar uma fotografia é interrogá-la, é retomá-la, atualizá-la, e estas operações conduzem a *experiências de si* que são *aprendizagens de si*, estes "... golpes de epifania, de acelerações do presente no qual se precipitam e se resolvem nossas expectativas, nosso passado, nossas nostalgias e nossos desejos".

Constituir, olhar um álbum de fotografias de família faz parte da formação de si dentro de uma inscrição familiar e social. O trabalho de memória que chama a constituição e a consulta de um álbum restitui lembranças pessoais, constrói outras, abre espaços identitários; mas se choca igualmente com as interrogações e os silêncios suscitados pelas opacidades de certas imagens ou por sua ausência. Entretanto, é nesta tensão que se faz a construção de um sujeito ancorado numa história pessoal e familiar.

Busca de uma história familiar e retomada fotográfica: Lina Lario

A fotógrafa Lina Lario interroga fotografias de família reencontradas ou descobertas no decorrer da busca de sua história familiar. Ela vasculha com seu aparelho fotográfico a imagem original, apanhando um detalhe, voltando sobre tal ou tal parte. Ela justapõe, em seguida, sobre um mesmo plano, as diferentes fotografias. Ela acompanha as imagens de um texto que retoma sua interrogação, segundo uma dupla abordagem de exploração fotográfica e de linguagem. A fotografia parece, entretanto, não se abrir e a fotógrafa sabe que ela deverá retomá-la, interrogá-la de novo mais tarde. Todavia, podemos imaginar que este trabalho permitiu a Lina Lario aproximar os personagens da fotografia, encontrá-los, situar-se em relação a estes o tempo de tirar as fotos, de se ver dentro da imagem. Fotografar o detalhe aviva a emoção; ampliar, confunde. Esta imparcialidade de seu trabalho me parece interessante na reconstrução de uma história familiar que parece sempre lhe escapar. Lina Lario não deixa jamais ver a foto original; quem olha é que tem que imaginá-la.

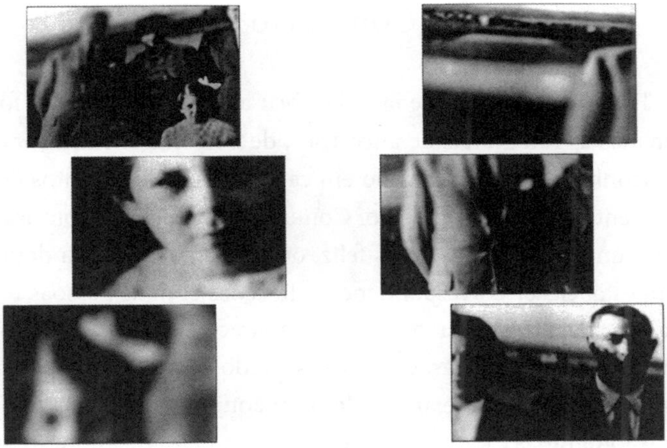

"Eu tinha esquecido esta velha fotografia que encontro no álbum de família. Devia ser domingo, pois estamos bem vestidos. A menina me é familiar com seu laço nos cabelos. Eu sei que sou eu. Atrás dela, na parte da direita, há Joseph, minha mãe de quem ele é primo, a mulher de Joseph e meu pai.

Quem tira a foto?

Nós estamos na aldeia da Lorena onde minha família materna italiana migrou. Na sua juventude, minha mãe e Joseph eram próximos. Depois, meus pais se encontraram e eu nasci em Paris.

Eu olho esta foto que nos fixou um dia e eu procuro os rostos. Eles continuam fugidios. Os corpos, mais materiais, detêm meus olhares.

Mas a imagem se movimenta. Ela se decompõe e se multiplica. Eu me ajusto à altura da criança para sondar minha memória. Eu examino os detalhes e tento fazer jorrar a lembrança. Eu me fixo nos olhos. A superfície do papel brilhante guarda o silêncio da imagem.

A foto com bordas recortadas entrou nas novas imagens. Elas são seis agora. Eu as olho ainda.

"E os personagens escapam do primeiro quadro, se reagrupam de outra forma, ganham uma vida inventada" (Delory-Momberger, 2005, 71-74).

Conclusão

Folhear um álbum de família, abrir as páginas nas quais foram ordenadas as fotografias de ancestrais, de personagens memoráveis, de desconhecidos, de si mesmo em certas idades, tem efeitos de conhecimento e de autoformação. Contudo, a memória é confusa. Ela chama um trabalho – às vezes feliz, outras vezes difícil ou doloroso – para estabelecer correspondências, ligações com as pessoas representadas. Ela faz aflorar felicidades, aparecer fraturas, rememorar acontecimentos e pessoas, descobrir segredos. Mas o olhar posto sobre as imagens é sempre ancorado num aqui-e-agora do cara-a-cara com as fotografias e o encontro que acontece nelas é sempre singular. O álbum que "não é um receptáculo passivo" e que "não reúne, não acumula, não conserva, não arquiva, sem classificar e redistribuir as imagens, sem produzir sentidos, sem construir coerências, sem propor "uma visão, sem ordenar simbolicamente o real" (Rouillé, 2005: 125) oferece leituras múltiplas que são territórios epifânicos. Confrontar-se com a ordem do álbum, com as histórias que ele conta e com aquelas que ele cala é recolocar em figura a história familiar e a história pessoal; é retomar sua própria história. Olhar as imagens, encontrá-las, deixar vir os sentidos, e mais tarde retomá-las e deixar virem outros significados, representam ocasiões oferecidas à exploração e à construção de si por meio dos mundos representados, imaginados, fantasiados da fotografia, de tudo o que ela esconde e que ela coloca em evidência em nós e fora de nós.

Referências Bibliográficas

BAILLY, J.-C. (2010). "Tout passe, rien ne disparaît", entretien avec Jean-Christophe Bailly. In: Revue *Vacarme*, n. 50, p. 6-12.

BAUDET, G. (2004). *Approches de la photographie*. Paris: Armand Colin.

BARTHES, R. (1980). *La Chambre claire. Note sur la photographie*. Paris, Cahiers du cinéma/Gallimard/Seuil.

BAZIN, A. (1985). "Ontologie de l'image photographique" (1945). *Qu'est-ce que le cinéma?* Paris, Cerf.

BENJAMIN, W. (1971), "L'œuvre d'art à l'ère de sa reproductivité technique", in *L'Homme, la langage et la culture*, Paris, Denoël/Gonthier.

DELORY-MOMBERGER, Ch. (2000; 2004). *Les histoires de vie. De l'invention de soi au projet de formation*, Paris: Anthropos.

LARIO, L. (2005), "Photo-contact. Un récit photobiographique". In: DELORY-MOMBERGER Christine. *Photographie et mises en images de soi.* La Rochelle: Himeros, p. 71-74

ERNAUX, A (2008). *Les années.* Paris: Gallimard.

FAVART, E. (2001). "Albums de photos de famille et mémoire familiale: regards croisés de femmes de trois générations". In *Dialogue. Recherches cliniques et sociologiques sur le couple et la famille* "Quand la mémoire tisse le je et le nous" n°154, 2001/4.

GAULEJAC, V. (1999). *L'histoire en héritage. Roman familial et trajectoire sociale*, Paris: Desclée de Brouwer.

PEIRCE, C. S. (1978), *Écrits sur le signe*, trad. Gérard Deledalle, Paris: Seuil.

MORA, G. (1983). "Photobiographies". In: MEAUX, D.; VRAY J. B. *Traces photographiques, traces autobiographiques.* Saint-Étienne: Publications de l'Université de Saint-Étienne, 2005. Ce texte est paru pour la première fois dans *RITM, n.* 20, *Récits et médias.*

MUXEL, A (1996). *Individu et mémoire familiale.* Paris: Nathan.

ROUILLE, A (2005). *La photographie.* Entre document et art contemporain. Paris: Folio essais.

SEBALD, W. G (2002). *Austerlitz.* Arles: Actes Sud.

SHARON SCHWARTZ (2009). L. *L'archéologie de la mémoire.* Conversations avec W. G. Sebald. Arles: Actes Sud,.

WULF, Chr. (2004) "Anthropologie historique et culturelle. Nouvelles perspectives sur les fondements et les conditions de l'éducation". In: *Revue OSP – Travail biographique, construction de soi et formation*, n° 4, v. 33, déc. 2004.

Sites photographiques

Donation Jacques-Henri Lartigue: http://www.lartigue.org
Site de Marie Prunier: www.marieprunier.com

DIAS AO LEME, NOITES NA PROA. GÊNERO E GERAÇÃO NAS MEMÓRIAS DE UM ALMIRANTE[1]

Maria Teresa Santos Cunha

> *A composição da trama de uma história contada vem reforçar a autonomia semântica de um texto, à qual a composição em forma de obra proporciona a visibilidade da coisa escrita.*
>
> (Paul Ricouer, 2007, p. 176)

Escrever sobre si, lidar com as letras, exercer a "arte da memória" pode ser uma garantia de vitória sobre o esquecimento, uma ação contra a mortalidade a que obras e fazeres humanos estão sujeitos pela passagem inexorável do tempo. Nesse horizonte, estudar registros pessoais escritos, quase sempre com tendências confessionais, exige cuidados bem delineados como possuir um *corpus* significativo de materiais – um arquivo –, cruzar fontes em variados suportes para estatuir possíveis veracidades e estar atento às pistas e sinais inscritos nos materiais pesquisados. (Dosse, 2009, p. 252).

A descoberta de um material testemunhal, de cunho autobiográfico, é achado sedutor e se enraíza na vontade de ler hoje pelas vias de ontem. Segundo Farge (2009), este ato significa o de ligar o passado ao presente, de descobrir existências (des)conhecidas , aci-

1. Trabalho vinculado ao Projeto de Pesquisa "Territórios de muitas escritas. Os acervos pessoais dos irmãos Boiteux/ Instituto Histórico e Geográfico de Santa Catarina/Séculos XIX e XX"./Departamento de História/UDESC/Florianópolis/SC

dentadas, plenas que se misturam (p. 14-15). A descoberta de memórias escolares produzidas pelo Almirante da Marinha Lucas Alexandre Boiteux permitiu este estudo, ora com visões microscópicas, ora com auxílio de grandes angulares (Borges, 2009), e deram argumento ao pressuposto de que a escrita autobiográfica presume um outro, mesmo que este ainda não se faça presente.

Lucas Alexandre Boiteux, protagonista deste estudo, foi Almirante da Marinha e pode ser considerado como um homem de letras[2]. Foi um homem que viveu a escrita como uma necessidade vital, haja vista a quantidade e a variedade de textos escritos (datilografados, manuscritos, muitos publicados outros ainda inéditos) que nos legou e que hoje vêm sendo cuidadosamente estudados em seu acervo privado depositado no Instituto Histórico e Geográfico do Estado de Santa Catarina, localizado na cidade de Florianópolis e, agora, investigado nessa pesquisa. Mas, quem é este protagonista, apenas anunciado?

Lucas Alexandre Boiteux nasceu na cidade de Nova Trento (Santa Catarina) em 1880 e faleceu na cidade do Rio de Janeiro, em 1966. Descendia, pelo lado paterno, de suíços e franceses e, pelo lado materno, era de origem açoriana. Ingressou na Escola Naval, no Rio de Janeiro em 1897 e seguiu a carreira militar, na Marinha do Brasil, até chegar ao posto de Contra-Almirante, em 1951. Celebrizou-se como autor de numerosas obras sobre a História de Santa Catarina, pertenceu a diversas entidades culturais como o Instituto Histórico e Geográfico Brasileiro, o Instituto Histórico e Geográfico de Santa Catarina e a Academia Catarinense de Letras notabilizando-se, também, como historiador de temas navais com vasta produção historiográfica. Desde 1911, passou a residir na cidade do Rio de

---

2. Estou tomando como referência o estudo de Giselle Martins Venancio que, a partir de R.Chartier, afirma que "ao analisar como, durante o século XVII, alguns intelectuais definiram os *homens de letras*, Chartier demonstrou que os letrados foram caracterizados como indivíduos voltados para o estudo, a escrita, a leitura e a vida em gabinetes". (In: Bastos, M.H.C; Cunha M.T.S. e Mignot, A.C.V. "Destinos das letras. História, Educação e Escrita Epistolar". Passo Fundo: 2002, p. 218.)

Janeiro e, na então Capital Federal se fez articulista constante do "Jornal do Comércio", tendo ali publicado entre 1911 e 1959, cerca de 200 artigos principalmente sobre história naval brasileira e história de Santa Catarina[3].

Entre os meses de janeiro e junho de 1955, já como militar na reserva, Lucas Alexandre Boiteux escreveu, neste jornal, uma série de oito artigos intitulados *Bordejos sobre meio século de Marinha,* onde apresentou suas memórias de estudante na Escola Naval, situada na Ilha das Enxadas, no Rio de Janeiro, no período de 1897 e 1900[4]. Estas memórias foram escritas e publicadas cerca de cinquenta e oito anos após terem sido vivenciadas, e nos permitem considerar o texto memorialístico, aqui entendido, como uma construção que comporta uma representação do passado, uma prática de escrita que pode ser considerada como "um dos meios para alcançar não só o tempo que passa, mas também uma representação estável de si" (Hébrard, 2000, p. 30). As análises das práticas de escritura memorialista aqui empreendidas apontam para uma interpretação perspectivada do passado que, submetida à crítica, encaradas e problematizadas como fragmentos e vestígios, podem ser elucidativas de práticas e vivências no ambiente escolar militar, ao mesmo tempo em que ampliam as fontes para o estudo de formas de educação militar escolarizada do período, considerando que

> A escola é um lugar de memória. Quando o olhar pode atravessar a espessura do tempo, distingue vestígios reconhecíveis de sua história (...). O inventário e a evolução desses espaços,

3. A obra historiográfica de Lucas Alexandre Boiteux , publicada no Jornal do Comércio foi levantada por Cunha, M.T.S. "A produção historiográfica de Lucas Alexandre Boiteux no Jornal do Comércio do Rio de Janeiro – 1911-1959". Dissertação de Mestrado em História. UFSC. 1982. A Série *Bordejos sobre meio século de Marinha,* foi transcrita do Jornal do Comércio/ RJ e está disponível no Instituto Histórico e Geográfico de Santa Catarina.(Arquivo).
4. Este texto trabalhará, apenas, com as memórias do primeiro ano escolar de Lucas Boiteux na Escola Naval, em 1897, totalizando cinco artigos.

> práticas e técnicas constituem um dos mais interessantes objetos da história e da etnografia escolar (...) A memória dos alunos foi assim uma memória tecida em função de perspectivas (Souza, 2000, p. 7-8).

O trabalho com este material autobiográfico tornou possível buscar evidências de como o autor viu e representou aspectos de sua formação escolar, e ampliar os estudos relativos à história da educação em escolas militares. Dessa forma, este estudo não se desvincula dos aspectos relacionados à geração e à uma determinada educação generificada. Nos relatos feitos é possível encontrar algumas práticas cotidianas que caracterizavam uma cultura escolar de época que engloba aspectos "da vida escolar; fatos, ideias, mentes, corpos, objetos e condutas, modos de pensar, dizer e fazer" (Viñao Frago, 1995, p. 69). A natureza desses documentos publicados em jornal implica entendê-los como discursos que formalizam práticas e veiculam representações (Chartier, 2005, p. 54), além de apontarem para aspectos de vivências escolares definidoras de masculinidades militares expressas nos choques de perspectiva e nas temporalidades geracionais.

Neste texto, a atenção estará centrada nos escritos feitos pelo autor que tratam da descrição física da Escola Naval de 1987, do cotidiano escolar dos alunos que ingressaram neste ano em regime de internato (por exemplo, sobre a prática do trote, descrições sobre dieta alimentar e sobre as disciplinas que compunham o currículo proposto pela Escola Naval) em torno dos quais é tecida a memória do autor e que mostram marcas, rupturas e permanências que informam sobre a experiência vivida. Pode-se pensar que ao escrever sobre sua vida escolar, Lucas A. Boiteux tentou superar a fragilidade do presente e, ao mesmo tempo, arrojar-se contraditoriamente para fora de si e assim, a nós, seus leitores do século XXI, é permitido realizar a tarefa interminável de construir uma história, fazendo da memória uma arte para lembrar, dizer e escrever a vida.

Bordejos: Um mar de lembranças

Nada temos de melhor que a memória
para garantir que algo ocorreu antes
de formarmos sua lembrança.

(Ricouer, 2007, p. 7)

A série de escritos *Bordejos sobre meio de século de Marinha*, fruto da memória de Lucas Alexandre Boiteux, se escora em lembranças reencontradas que se materializam pela escrita, aqui concebida como uma das maneiras de contornar e ordenar o tempo, uma tentativa de suplantar a finitude, uma condição de estar no mundo. O material principal de apoio para a construção desse texto era sempre publicado no Jornal do Comércio do Rio de Janeiro às quintas-feiras, em uma periodicidade que variava de duas a três semanas, entre janeiro e junho de 1955. Considerando-se o título como uma primeira cerimônia de apropriação da leitura, um vir-a-ser do texto (Cunha, 1999, p. 49), é bastante significativa a presença da palavra *Bordejos* no conjunto de textos memorialistas sobre sua vida escolar. A escolha deste termo – marítimo, por excelência – sinaliza um teor para seus escritos. O verbo bordejar significa navegar mudando com frequência o rumo, segundo a direção do vento. Dessa forma, ele parece sinalizar que suas memórias não obedecerão, necessariamente, uma direção fixa, elas poderão vagar, daí não se encontrar nessa escrita uma direção cronológica precisa. Embora o primeiro texto comece com a localização temporal: "Rompera anunviado o ano de 1897, que seria o de provação da turma de Aspirantes de segunda classe, matriculados no Curso prévio da nossa Escola Naval"[5], não se encontra nos demais textos essa preocupação em seguir uma cronologia precisa dos fatos. Ainda que haja uma datação, está longe

5. Bordejos sobre meio século de Marinha. *Jornal do Comércio.* Rio de Janeiro 16/01/1955.

de significar linearidade e homogeneidade, pois os momentos descritos apontam para a complexidade da vida e do tempo em um movimento pendular em que "a todo momento um pedacinho do eu desliza e se afasta na direção de sua posição no passado, onde será parcialmente recordado, com distorções (...) omissões e ajustes ao sabor da caneta" (Gass, 1994, p. 5-6).

Homem do mar, viajante, seus textos quer de caráter histórico, quer de caráter mais literário, estão sempre a ele referenciados, como se pode perceber pelo uso abundante de metáforas marítimas presentes em seus escritos: são *dias anuviados, noites de proa, amigos de leme, horizontes políticos, mar de letras,* por exemplo. Ele parece escrever de uma perspectiva minuciosamente descritiva, como se estivesse posicionado em mirantes, colinas, varandas, mastros ou faróis, tendo como horizonte o mar.

Como consideram os historiadores, toda escrita memorialista é lacunar, comporta o esquecimento; é polifônica e pressupõe uma intuição que opera escolhas e seleção e nesta clave este texto é tecido. Bordejando, Lucas A. Boiteux traz registros de um tempo, uma forma de ampliar e redimensionar o espaço escolar, agora lembrado com certo exercício de alteridade que cria possibilidades de "de poder descrever o outro sem que ele nos desalojasse necessariamente da nossa gramática e da nossa terminologia, nos forçasse a sair da nossa língua com o risco de ficarmos, talvez por muito tempo, sem palavras" (Gagnebin, 1992, p. 18).

Apesar de tanto tempo passado entre o vivido e do contado, o Almirante Boiteux parece ter sido dono de uma memória prodigiosa. Além de fazer uma descrição física da Escola Naval (localização geográfica precisa, arquitetura escolar, espaços disponíveis, corpo administrativo, docente e discente), o autor recorda com detalhes acontecimentos, nomes, características físicas e intelectuais de professores e colegas, preocupando-se em apontar a trajetória e indicando o rumo que cada um dos citados tomou na vida. Nestas memórias é possível encontrar relatos da dieta alimentar servida aos alunos da Escola Naval; organização do currículo escolar; maneiras (por vezes hilárias e picarescas!) com que eram ministradas as aulas; o trote aos calouros; os apelidos dados, etc. Na grande maioria das vezes seu relato, descontraído, cruza a representação pormenorizada com fatos pitorescos que envolvem os personagens, todos seus colegas naquela instituição docente e militar. Privilegiar os aspectos já mencionados objetiva colocar em cena histórias de formação pela via de memórias escolares, tema em ascensão nas pesquisas em História da Educação, segundo Lopes e Galvão:

> Temas como a cultura e o cotidiano escolares, a organização e o funcionamento interno das escolas, a construção do conhecimento escolar, o currículo e as disciplinas, os agentes educacionais (professores, professoras, mas também os alunos e alunas), a imprensa pedagógica, os livros didáticos, etc têm sido crescentemente estudados e valorizados. Desloca-se, crescentemente, o interesse dos pesquisadores da investigação das ideias e da legislação educacionais para as práticas, os usos e aapropriações dos diferentes objetos educacionais (2000, p. 40).

É importante destacar que é nesta perspectiva que o presente estudo se ancora, ou seja, na singularidade de um escrito aparentemente menor, um discurso, uma lembrança traduzida em memória a ser transferida para a esfera da história e problematizada pela construção de uma narrativa "exposta às ameaças do esquecimento, mas também confiada à sua guarda" (Ricouer, 2007, p. 18). Ao mesmo tempo, importa considerar, também, que a divulgação e o estudo do acervo privado desse historiador catarinense vem abrindo muitas outras possibilidades para estudos.[6] A série *Bordejos*, por exem-

---

6. O acervo está depositado no Instituto Histórico e Geográfico de Santa Catarina, em Florianópolis e nele encontram-se muitos documentos como, pastas com artigos, bilhetes, recortes, anotações pessoais manuscritas em cadernetas, folhas avulsas, cartas recebidas. Sobre o tema, ver: Cunha, M.T.S. Tempos vividos na Escola Militar. Memórias de um ex-aluno (1897-1900). IN: Série Estudos – Periódico do Mestrado em Educação da UCDB/ Campo Grande/ MS, n.25. p. 57-67. jan/ jun. 2008. Dossiê "História das Instituições Educacionais" e Pivatto, Priscila Maddalozzo. Outras faces de um historiador: Uma incursão no acervo privado de Lucas Alexandre Boiteux. Monografia de Conclusão de Curso. Departamento de História/UDESC, 2004.

plo, antes de ser publicada no Jornal do Comércio aparece dispersa em cadernos escolares que compõem o arquivo pessoal do historiador. Escrita em letra manuscrita, muito corrigida e alterada à mão, parece ter sofrido significativas mudanças antes de sua divulgação pública, em jornal a partir de 1955 e pode ser ainda analisada na perspectiva dos estudos da História da Cultura Escrita.

A Escola Naval: Fragmentos sobre sua história

Desde o início do século XIX, com a criação da Academia Real Militar em 1810, a preocupação com a formação militar foi assumindo aspectos mais sistemáticos e técnicos que constituindo-se posteriormente em centros de difusão importantes do ensino científico no Brasil. A este respeito expressou-se, em alentado estudo, a historiadora Cláudia Maria Costa Alves:

> A Escola Militar sintetizou, melhor do que qualquer outra instituição, determinados traços do panorama intelectual do período final do Império e inicial da República. A crença de que a ciência poderia apresentar soluções seguras para os problemas humanos encontrava ali um campo de difusão preparado por um ensino tradicionalmente ligado aos conhecimentos científicos que estiveram na base de modernização das guerras e, consequentemente na formação militar, desde o século XVIII (2002, p. 126).

A Escola Naval é considerada a mais antiga instituição de ensino superior no Brasil, pois teve início em 1808 com a instalação, nas hospedarias do Mosteiro São Bento, da Academia Real de Guardas-Marinha, local onde permaneceu até 1839. Após várias mudanças de local, em 1876 a Princesa Isabel criou o Colégio Naval, como um preparatório para a Escola da Marinha. Em 1883, a Escola foi transferida para a Ilha das Enxadas e, em 1886, passou a chamar-se Escola

Naval[7]. Seus propósitos alinhavam-se ao investimento na formação da carreira naval como um amplo campo de diversificação de conhecimentos técnicos, na clave da discussão sobre um panorama para a educação nacional pautado na *consagração da ciência*, que exaltava o cientificismo e a objetividade como alvos de inflexões daquele momento[8].

Segundo o minucioso histórico traçado pelo próprio Lucas em seus *Bordejos*, a Ilha das Enxadas, onde estava situada a Escola Naval quando de sua admissão como aluno, ocupava uma superfície de 31.700 metros quadrados e teve várias destinações:

> "(...) abrigou uma casa para recolher pólvora, uma enfermaria destinada às guarnições da divisão naval inglesa, um hospital de lázaros e uma propriedade particular que foi vendida para o Ministério da Fazenda, em 1871. Esta propriedade foi transferida, em 1883, para o Ministério da Marinha, que ali instalou a Escola Naval. Narram várias crônicas que a Ilha tomou o nome de *Enxadas* devido a abundância de peixe deste nome, também chamado Parú encontrado em suas cercanias".[9]

Sobre o local do prédio escolar é possível destacar das lembranças que: "Poucas árvores, um belo tamarineiro, duas ou três figueiras bravas, algumas nogueiras, cercadas de assentos de cimento, e uma meia dúzia de coqueiros da Bahia, davam sombra e alegria á saudosa Ilha"[10].

O alojamento dos novos alunos-aspirantes foi descrito como um "amplo salão situado a leste do edifício (...) compartimento com

---

7. As informações cronológicas estão disponíveis no sítio www.mar.mil.br/en. Acesso em 07/09/2009.
8. Para maiores informações sobre este tema, Ver: Bresciani, Maria Stela Martins. O charme da ciência e a sedução da objetividade. Oliveira Vianna entre os intérpretes do Brasil. São Paulo: EDUNESP, 2005.
9. Boiteux, L.A. "Bordejos sobre meio século de Marinha". *Jornal do Comércio*. Rio de Janeiro, 16/01/1955
10. Idem.

janelas e portas gradeadas[11], rasgadas para o quadrante leste e o de norte, grossas paredes e os indefectíveis mafuás ao gosto artístico dos diretores do estabelecimento"[12]. A mesa do professor, as cadeiras alinhadas, as salas de aulas calorentas, os corredores mal iluminados, os horários delimitados, a separação dos alunos em classes por faixa etária, e até o galinheiro, o chiqueiro e a pequena hora constantemente depredadas, faziam parte da própria arquitetura escolar e constituem monumentos com significações disciplinares, por onde não se podia andar despreocupadamente e sobre elas reafirma o memorialista: "As construções existentes, em 1897, que retenho ainda de memória e poderia delas fazer um tosco levantamento, seriam com algumas remodelações, as primitivas... e os dias foram passando"[13].

Todos estes elementos descritos estão a demonstrar que havia uma organização escolar objetivada na descrição dos móveis escolares visíveis na sua disposição em sala de aula; na racionalização do tempo expressa pela fixação e controle dos horários de aula, pausas, refeições e pela própria divisão dos espaços. Nomear os professores, todos militares e homens, permite pensar em uma educação de gênero, formulada por homens para formar outros homens. O relato, enfim, coloca em destaque algumas características que expressavam uma "essência" moderna da instituição educativa notadamente a divisão dos alunos por faixa etária sinalizando para uma "possibilidade de homogeneização dos alunos a partir da graduação do ensino" (Faria Filho, 2000, p. 33).

O autor inicia seus *Bordejos*, em 1955, com uma interpretação do contexto histórico do ano de 1897, data de sua entrada na escola. O relato sinaliza que o passado foi re-atualizado quando da escrita dessas memórias, conforme se pode verificar pelas minúcias narrati-

11. Boiteux, L.A. "Bordejos sobre meio século de Marinha". *Jornal do Comércio*. Rio de Janeiro. 30/01/1955.
12. Idem.
13. Idem.

vas que envolvem um juízo de valor emitido, durante a escrita, sobre aqueles tempos. Esta condição deve ser levada em conta quando se trabalha com memória, pois o presente vivido tende a re-atualizar o passado, como se pode notar na interpretação que Boiteux faz, em 1955, do que teria vivido em 1897:

> Em 1897, à testa do Governo da República, que reassumira a 4 de março após delicada operação, encontrava-se o paulista Dr. Prudente de Morais e Barros (1853-1902), apelidado de Biriba pelos seus implacáveis inimigospolíticos. Soçobrava a pasta da Marinha, o Contra-Almirante, o engenheironaval, Manuel J. Alves Barbosa (1854-1907), veterano da Guerra do Paraguai. Os horizontes políticos se haviam desassombrado com a assinatura da paz entre pica-paus e maragatos e a anistia geral; mas, desgraçadamente, se entenebreciam os sertões da Bahia com o perigoso ajuntamento em Canudos, de formidável caterva de jagunços fanatizados contra a forma de Governo porum cantarrão delinquente e obtuso.[14]

A ida de Lucas Boiteux para a Escola Naval estava associada a uma tradição militar na família de Lucas Alexandre Boiteux. Seu irmão mais velho, Henrique Boiteux, também frequentou a Escola Naval chegando ao posto de Almirante. Os filhos de Lucas, por exemplo, receberam nomes de grandes figuras militares, em geral comandantes, (Nelson, Norton, Yan, Bayard) e dois deles seguiram carreira militar na Marinha. O próprio Lucas é considerado pela Marinha como historiador naval e tem obras sobre a participação de Santa Catarina em guerras, com descrições pormenorizadas das estratégias militares, o que o qualifica como um detalhista na escrita de cenas de combates navais. (Guedes, 1980) Esta característica está impregnada em suas memórias com a utilização de construções frasais longas, adjetivação abundante, vocabulário rebuscado e certa tendên-

14. Idem, 31/01/1955.

cia laudatória. Isto pode ser observado tanto na descrição da arquitetura do prédio da Escola Naval quanto nos relatos da vida cotidiana da escola com seus colegas e professores e pode ser considerado um estilo de época de aspecto geracional. A exemplaridade como forma de aprendizado sempre ligada a uma temporalidade passada.

Os *Bordejos sobre Meio Século de Marinha*, de Lucas Boiteux trazem registros que permitiram elucidar muitos aspectos da educação militar do período. Tais dados permitiram compor quadros sobre a organização interna (administrativa e curricular) da Escola Naval, uma vez que se encontram elencados informações preciosas sobre os cargos e os nomes dos respectivos ocupantes, tais como diretores e professores. Outros dados importantes para a História da Educação foram encontrados pela listagem e comentários feitos sobre as disciplinas que compunham o currículo escolar cursado e que esboçam contornos do pensamento educacional do período.

Tabela I
Corpo Administrativo da Escola Naval (1897-1900)

Cargo Ocupado	*Nome do Ocupante*
Direção Geral	Contra-Almirante Dionísio Manhães Barreto
Comandante do Corpo de Alunos	Capitão de Mar-e-Guerra Eduardo de Barros Gonda
Imediato da Escola	Capitão de Corveta Joaquim Francisco C. Leal
Ajudante do Corpo de Alunos	1º Tenente Arthur Diocleciano de Oliveira
Secretário	1º Tenente Lucídio Augusto Pereira do Lago
Bibliotecário	1º Tenente Antônio José da Costa Rodrigues
Comissário (Intendente)	1º Tenente Felipe Nery Cabral de Menezes
2 Médicos	Dr. Domingos Pedro dos Santos e Dr. Joaquim Antunes
2 Enfermeiros	João Joaquim de Oliveira e Manuel Gomes da Paixão

Fonte: Boiteux, L.A. "Bordejos sobre meio século de Marinha". *Jornal do Comércio*. Rio de Janeiro. 13/02/1955.

Sobre esta organização administrativa escolar pode-se pensar na Escola Naval como uma instituição já consolidada e com funções determinadas entre seus ocupantes, todos homens participantes da carreira militar, ao mesmo tempo em que se pode conjecturar, pelas patentes militares dos ocupantes dos cargos administrativos, sobre uma organização hierarquização no exercício das funções. Os médicos não apareciam descritos com a patente militar, apenas como *veteranos do Paraguai* e identificados como *benévolo ancião* e *baixote de faces muito enrugadas*[15], enquanto os enfermeiros são apenas citados nominalmente. A presença do bibliotecário faz supor a existência de uma biblioteca, entretanto, ao longo das memórias ela sequer é mencionada.

Uma formação cientificista: Um currículo em foco

Considerando o currículo escolar como "um instrumento utilizado pelas sociedades para desenvolver os processos de conservação, transformação e inovação dos conhecimentos historicamente acumulados para socializar crianças e jovens segundo valores tidos como desejáveis" (Moreira, 2008. p. 11), foi possível delinear um currículo *praticado*[16] a partir da organização das atividades escolares, que possivelmente compunham o dia-a-dia na Escola Naval minuciosamente recordadas pelo protagonista dos *Bordejos*.

15. Boiteux, L.A. "Bordejos sobre meio século de Marinha". *Jornal do Comércio*, Rio de Janeiro, 13/02/1955.

16. Neste texto considera-se o currículo a partir das abordagens pós-culturais que o caracterizam como um artefato escolar moderno para ordenar o espaço e o tempo e valho-me aqui das premissas expostas sobre o tema por Moreira, Antônio Flávio Barbosa. Currículo, utopia e pós-modernidade. In: Moreira, Antônio Flávio Barbosa (org). Currículo: Questões Atuais. 14ª edição. São Paulo: Papirus. 2008.

Tabela II
Quadro de disciplinas oferecidas à turma de 1897

Disciplina	*Responsável*
Navegação Estimada	Instrutor Tenente Tancredo Burlamaqui de Moura
Bordejos e Trabalhos de Marinheiros	Capitão-Tenente Instrutor Galdino Xavier da Veiga
Matemática	Capitão-Tenente João José Luiz Viana
Francês Prático	Capitão-Tenente Eugênio Guimarães Rabêlo
Inglês	Capitão-Tenente Joaquim Mendes Malheiros
Aparelhos de Navios	Capitão-Tenente Enéas Orcar de Farias Ramos
Desenho	1º Tenente Pedro Alexandrino Ribeiro Duarte
Infantaria e Esgrima de Baioneta	1º Tenente Antônio de Espigão Fernandes
Esgrima de florete e espada	2º Tenente Manuel Gonçalves Correa
Ginástica e Natação	2º Tenente Honório Vicente Casali

Fonte: Boiteux, L.A. "Bordejos sobre meio século de Marinha". *Jornal do Comércio*. Rio de Janeiro.13/02/1955

Da mesma forma que a administração da escola, o corpo docente era exclusivamente formado por militares e um olhar geral sobre o rol de disciplinas arroladas pelo memorialista, permite comprovar a predominância das disciplinas de cunho prático que deveriam formar o "marinheiro", o profissional/especialista na área naval detentor de um tipo de conhecimento associado à praticidade da *ciência naval* específica para aquela formação. Disciplinas como Desenho, Aparelhos de Navios, Navegação Estimada, Trabalhos de Marinheiros pressupõem uma base de ensino na "manipulação de coisas", associada à Pedagogia Moderna e segundo a qual a aprendizagem deveria fundamentar-se na observação, em partir do simples para o complexo afinado na proposta, ao que parece, com alguns princípios pedagógicos modernos como o Método Lições de Coisas/ Ensino Intuitivo, cuja tradução como *Manual de Lições de Coisas,* de autoria de Norman Calkins, foi feita por Rui Barbosa em 1886. (Teive, 2008, p. 109-110).

Este momento final do século XIX, quando Lucas Boiteux inicia sua vida escolar na Escola Naval, coincide com grandes movimentos educacionais como conferências, exposições pedagógicas, propagação do ensino seriado (grupos escolares) que colocavam em cena inovações pedagógicas, como a co-educação. A reverberação de tudo isso no ensino militar merece estudos mais alentados e não é objetivo agora, entretanto, os comentários de Boiteux sobre as aulas não ratificam a pretendida praticidade do ensino na Escola Naval, de vez que ele recorda:

> Afora os bordejos à vela nos brigues e patachos disponíveis, nenhum outro exercício de índole marinheira se efetuava. O lançamento de torpedos, o fundeio de minas e o tiro de artilharia jamais se realizavam e nem sequer existiam espécimes vivos para serem mostrados.[17]

Pelas descrições dos conteúdos ministrados pelos professores evidencia-se a predominância de aulas e disciplinas de cunho técnico, possivelmente de imediata aplicação à vida naval e condizentes ao propósito técnico-profissional que se esperava desta Instituição de Ensino. Mais uma vez, o relato vai na contramão do prescrito, pois ao contrário do que se anuncia, o ensino ministrado na Escola Naval oferecia poucas atividades práticas e isso é motivo de rememoração e crítica nos *Bordejos* "também o ensino da navegação, da topografia, de geodésia e das máquinas ministrava-se apenas nas salas de aula, sem a correspondente aplicação no plano prático".[18]

Aulas de esgrima de florete e de espada, também constavam no Programa do Ensino do "Gymnasio Nacional" do Colégio Pedro II, nos anos de 1895 e 1898 e nesse Colégio eram ministradas para alunos do 1º ano, em uma disciplina intitulada "Ginástica, Evoluções Militares e Esgrima"(Vechia e Lorenz, 1998, p. 145) Considerando

17. Boiteux, L.A. "Bordejos sobre meio século de Marina". *Jornal do Comércio*. Rio de Janeiro. 13/02/1955.
18. Boiteux, L.A. "Bordejos sobre meio século de Marina". *Jornal do Comércio*. Rio de Janeiro. 13/02/1955

que a esgrima era, por tradição, uma prática de elite, própria da nobreza[19] e ensinada no Colégio Pedro II, estabelecimento modelar do país, sua presença na Escola Naval sinaliza tanto para uma observância aos ditames do Colégio Pedro II, como para o reconhecimento de sua importância para a formação da futura elite dirigente, distintiva, marca que a Marinha ainda carregava nesse período. Os estudos de (Costa, 1999, p. 184) indicam que o objetivo dos exercícios físicos era manter o corpo disciplinado e que a esgrima, em especial, "era benéfica ao desenvolvimento físico e foi a maneira de tornar conformes à 'natureza'os sinais de classe da burguesia" (p. 186). Lucas rememora sobre as aulas escrevendo que "à esgrima dava-se uma importância capital, a tudo avassalando, tomando tempo e energia sem utilidade própria".[20]

Francês prático e inglês eram ensinados separadamente e ganhavam visibilidade em detrimento do latim que não aparecia, mas que ainda era recorrente nos programas oficiais[21]. A presença dessas línguas no currículo, especialmente o inglês, parece vincular-se a um certo compromisso com aquisição de conhecimentos científicos que servissem de ferramentas para ascender a um perfil mais prático e utilitário aos futuros militares da Marinha, para agregar valor às futuras carreiras diplomáticas e, provavelmente, para ter acesso à produção técnica e cultural de países europeus. Todo este investimento escolar na formação doa alunos leva a pensar em um vislumbre de modernidade no campo da formação militar. A presença do francês no currículo (ainda que qualificado como prático) aponta para o fato da "cultura francesa ser considerada o modelo europeu estético mais refinado a ser usado pelas elites brasileiras"(Dallabrida, 2001, p. 95).

---

19. Este tipo de esporte era apresentado como prática de lazer e defesa pelos nobres franceses no século XIX e nos livros da Coleção Biblioteca das Moças, abundam histórias românticas em que o herói era praticante de esgrima e /ou participava de duelos utilizando florete e sabre. Ver: Cunha, M.T.S. Armadilhas da Sedução. Os Romances de M.Delly Belo Horizonte: Autêntica, 1999.
20. Boiteux, L.A. "Bordejos sobre meio século de Marina". *Jornal do Comércio*. Rio de Janeiro. 13/02/1955.
21. Vechia, A. e Lorenz, K.M. op.cit

A Ginástica e a Natação presentes no currículo escolar da Escola Naval estavam associadas a um projeto médico-higienista que vem da segunda metade do século XIX. Sua emergência deve-se ao campo militar e foram práticas regulares na educação militar desde as primeiras décadas do século XIX. Sua presença enfática no currículo escolar fazia parte do treinamento dado pelo Exército e pela própria Marinha Imperial, tanto para desenvolver qualidades físicas – resistência, valor, destreza – como valores morais – coragem, caráter, hierarquia, preparando os alunos para o exercício de funções militares, principalmente para enfrentamentos de guerra e combate (Cunha Júnior, 2008, p. 127).

Com relação aos professores, todos tinham patente militar e pertenciam aos quadros da Marinha, o que pressupõe um *esprit de corps*, "constituindo-se num elemento de unidade e de adesão a um projeto comum"(Alves, 2002, p. 31). Entretanto, considerando os *Bordejos* de Lucas Boiteux, os professores eram pouco afeitos às inovações e as aulas eram, em sua maioria, teóricas e repetitivas. Nesse contexto, pode-se considerar que o ensino militar parece não ter acompanhado os procedimentos de controle e racionalização do trabalho docente que caracterizaram o período do início republicano (Vicentini, 2009. p. 83-90).

Sobre os alunos: Turma de 1897 – O Trote

Segundo Boiteux, a turma de aspirantes de 1897 era composta de 86 jovens qualificados como "débeis criaturinhas que vinham lutar pela vida"[22] e que recebeu o apelido de 'Briosa'. Há um registro meticuloso com a procedência (local de nascimento) de cada um dos alunos onde é possivel enumerar representantes de quinze estados brasileiros, ainda que a Capital Federal, à época, fornecesse mais

22. Boiteux, L.A. "Bordejos sobre meio século de Marina". *Jornal do Comércio*. Rio de Janeiro. 30/01/1955.

quadros. A procedência dos alunos estava assim distribuída: Pará (3); Maranhão (1); Ceará (2); Rio Grande do Norte (1); Paraíba (1); Pernambuco (2); Alagoas (2); Bahia (6); Espírito Santo (2); Rio de Janeiro (37); São Paulo (10); Minas Gerais (6); Mato Grosso (2); Santa Catarina (4); Rio Grande do Sul (6) e (1) brasileiro nascido em Londres.

Entre as primeiras providências para ingresso na escola figurava o preparo dos enxovais e do uniforme era condição obrigatória para ser admitido, o autor conta:

> (...) os alfaiates Zieglier e Riecken se afadigavam... a fábrica de malas Marinho, da rua Sete de Setembro, não tinha mãos a medir no preparo de duas malas retangulares. Tínhamos que providenciar a compra de uma cama de ferro, um colchão, um travesseiro de capim ordinário, uma resma de papel almaço e um botijão de tinta azul "Sardinha" para o expediente da Secretaria"[23].

Ainda, segundo Boiteux, os alunos em sua maioria eram filhos de "militares, comerciantes, funcionários públicos" e tinham realizado seus estudos majoritariamente no "Colégio D. Pedro II, nos afamados externatos Aquino, Vianna, Gama e em outros educandários da Capital da República e dos Ateneus e ginásios conceituados dos Estados"[24]. Confinante a tais informações, Alves (2002. p. 125) observa que o ensino militar, ao contrário dos seus inícios como Real Academia Militar (1810) "voltado para os segmentos senhoriais, na tradição dos privilégios nobiliárquicos da oficialidade", a partir da década de 1880 passou a ser frequentado "por filhos de militares, mas também de pequenos comerciantes e proprietários, funcionários públicos e profissionais das camadas médias", situação que parecer ser corroborada pelas anotações do memorialista sobre seus colegas.

23. Idem
24. Boiteux, L.A. "Bordejos sobre meio século de Marina". *Jornal do Comércio.* Rio de Janeiro. 16/01/1955

O dia da chegada à nova Escola, a preparação para esta chegada, a montagem do enxoval, os primeiros contatos com os futuros colegas são ritos de iniciação e no fluxo das memórias têm destaque especial. Lucas Boiteux escreve muito sobre este período, reclama das situações constrangedoras a que eram submetidos os aspirantes (calouros) pode-se levantar a hipótese que tal insistência poderia ser uma forma de "exorcizar" aqueles momentos, haja vista uma sensação de desamparo que a leitura dessa parte das memórias causa. Faz lembrar a historiadora que alerta sobre este momento, "a alegria desaparecia diante de qualquer coisa grave e terrível que se criava, porém, assim que se cruzava o portão da escola. O desamparo se instalava no fundo da alma de cada um, diante da suspeita de algo terrível que ainda não se sabia, mas que viria logo, a saber: a transformação da criança em adulto (Souza, 2000, p. 8-9).

A espera para o início efetivo das atividades escolares, recebe do memorialista expressões de júbilo, expectativa e desconfiança e eram expressas em termos como "nadávamos em contentamento"; "vibrávamos em uníssono"; "estavam todos mais ou menos nervosos" (...) para culminar com a viagem até as dependências da Escola Naval onde "embarcaram todos, sobre as malas e a reboque de uma das lanchas a vapor do estabelecimento rumaram para a Ilha das Enxadas"[25].

Nas memórias de Boiteux, a alegria inicial, a vibração conjunta pelo começo de uma nova etapa da vida escolar parecia desaparecer após o cruzamento da porta gradeada do alojamento. De todo o conjunto de textos (totalizando oito artigos publicados e cinco aqui consultados), o autor dedica três deles a falar sobre o cotidiano com os colegas na escola e, muito especialmente, relatando minuciosamente a prática do trote aos calouros, em que os alunos mais velhos submetiam os mais novos às *sevícias, rasteiras, incivilidades, remoques chulos, brutezas sádicas, ofensa, humilhações*, tudo relatado

25. Boiteux, L.A. "Bordejos sobre meio século de Marina". *Jornal do Comércio*. Rio de Janeiro. 13/02/1955

como práticas crudelíssimas e desumanas, nas suas próprias palavras. Esta é a parte do texto memorialista mais destacado, o que permite pensar como isso deixou marcas a ponto de ser rememorado cinquenta e oito anos após ter acontecido.e talvez por este motivo mobilizou construções retóricas destinadas a mobilizar sentimentos.

Segundo o autor, "o trote ou aporrinhação (assim chamado na Escola Militar Naval) era admitido em todos os estabelecimentos de ensino superior, embora aceito com bastante repugnância pelos bichos ou calouros, como é natural"[26]. Ele registra em pormenores a primeira surpresa desagradável ocorrida logo no primeiro dia de aula, após o desembarque na Ilha das Enxadas:

> Ao chegarmos ao alojamento, amplo salão situado à leste do edifício, a fim de armarmos nossos leitos, sofremos grande decepção: os veteranos iludindo a vigilância do pessoal de serviço, haviam dado um grande benefício em nossa bagagem, tinham desarticulado todas as camas, amontoado ao léu nossos colchões e travesseiros e sacolejado copiosamente as malas antes de empilhá-las a um canto... Quando as abrimos para retirar lençóis, fronhas, toalhas e camisolões (os pijamas ainda não tinham entrado em uso) sofremos um novo choque: tudo revolvido, frascos de dentifrício, da loção, de tinta derramados, roupas brancas manchadas. Verdadeiro desastre! Houve lamentos, pragas... Para quem apelar?[27]

Dando sequência ao relato dos primeiros dias na escola e as cerimônias de iniciação (o popular trote) pelas quais o calouro deveria passar, conta o narrador:

> As primeiras noites dormidas na escola foram de verdadeiro sobressalto. Os veteranos invadiam furtiva e cautelosamente o

26. Idem.
27. Idem.

dormitório dos calouros. Cometendo toda sorte de diabruras e perversidades: viravam e trocavam as malas. Destrambelhavam as camas, pintavam a cara de uns, arrebatavam as cobertas de outro, aplicavam violentas palmadas aos que dormiam"[28].

De certo modo, pode-se pensar que este tipo de "socialização" realizada pela Escola poderia ter efeitos inesperados, uma vez que o próprio narrador finaliza esta parte de suas memórias, admitindo que:

> É um interessante tributo que paga a bisonhice de novato; é um processo de adaptação mais ou menos rápido ao ambiente escolar e de incorporação à turma. Revela e define índoles, modalidades de temperamento, caracteres. Torna-se quase sempre, é bem verdade, a origem das amizades, de indiferenças e também de incompatibilidades futuras, pois o trote depende sobremaneira, do processo, da habilidade de aplicá-lo e também da situação, no momento e do temperamento e da educação de quem o recebe.[29]

Fazendo parte de uma cultura escolar da época, o trote aos calouros criava situações de adesão e crítica e, de sua violência e parcialidade advinha o efeito de fazer tanto os indivíduos internalizarem a cultura quanto torná-la objetiva; criava assim possibilidades múltiplas de os indivíduos se posicionarem de diferentes formas em relação a ela (Souza, 2000, p. 30). Estudos realizados pelo antropólogo Celso Castro (1990, p. 26-31) sobre a Academia Militar das Agulhas Negras, analisam o trote com um *rito de iniciação* e/ou uma *prova de fogo* , além de trazer variados exemplos que *dependem em grande parte da inventividade dos aspirantes.*

---

28. Boiteux, L.A. "Bordejos sobre meio século de Marina". *Jornal do Comércio.* Rio de Janeiro. 13/02/1955.
29. Boiteux, L. A. "Bordejos sobre meio século de Marina". *Jornal do Comércio.* Rio de Janeiro. 13/02/1955.

Ainda sobre o cotidiano escolar aparecem outras descrições sobre a mesa empoeirada do professor, os professores negligentes e os conteúdos ministrados. Ao final, a confissão de que a hierarquia e a ordem comumente associadas às práticas do ensino militar devem ser relativizadas, como é possível perceber nos dois registros que lamentam esta falta "apesar de tratar-se de uma escola militarizada (...) a justiça era uma coisa que só existia ali no nome" e denunciam que muitos oficiais demonstram pouco interesse pela ordem e disciplina e deixavam-se a ficar na sala d'estado a olhar o tempo, ler a s folhas diárias ou a cabecear de sono.[30] Mostrar em detalhes estas práticas cotidianas rememoradas por Boiteux permite iluminar alguns aspectos da História da Educação com documentos/ relatos que se poderia chamar como "escrituras de sí" ou "escrituras da experiência", e mais especificamente ainda, como "escrituras autobiográficas de formação" (Larrosa, Jorge, 2007).

Alimentos, sabores, saberes

Pela alimentação, o sentido
e os sabores se misturam

(Poulain, 2004, p.34)

Se memórias escolares já se constituem em uma certa raridade, o que dizer quando elas se deslocam do espaço do prédio escolar, do ambiente da sala de aula, da lembrança dos professores e alunos para o espaço da alimentação, da cozinha, do refeitório? O ato de alimentar-se, pleno de rituais culturais, envolve um aparato sensorial : gosto, cheiros,olhares. Os hábitos alimentares "constituem um domínio em que a tradição e a inovação têm a mesma importância,

30. Idem.

em que o presente e o passado se entrelaçam para satisfazer a necessidade do momento, trazer a alegria de um instante e convir às circunstâncias" (Giard, 1996, p. 212) e podem ser analisados como portadores de significados culturais em diferentes épocas. Neste viés interpretativo, a memória gustativa que Boiteux traz em seus escritos permite interpretar significados culturais da alimentação de uma época e os jogos de poder traduzidos pela distribuição hierárquica de alimentos em um instituição escolar militar em regime de internato, como a Escola Naval.

Os *Bordejos* de Lucas Boiteux, reservam espaço considerável para narrar as refeições, a dieta alimentar a que estavam submetidos os *aspirantes de 1897*, na Escola Naval. A narração se inicia com a descrição do prédio onde eram servidas as refeições. O espaço das refeições é ao mesmo tempo um espaço no sentido geográfico do termo e no sentido lógico do termo, espaço de relações culturais: "O refeitório (rancho) dos Aspirantes era uma construção antiga e pesada, paralela ao bloco principal das edificações e a ele ligado por um alpendre. As cozinhas primitivas e sórdidas ficavam ao fundo. As mesas, com tampo de mármore, eram ladeadas de bancos, permitindo tomarem assento doze aspirantes"[31].

Nesta distribuição do ambiente, estava presente uma concepção do espaço típico de internatos, dotado de significações que impõem uma dada organização disciplinar. Dessa forma, deve-se considerar que o espaço também educa. A hierarquia – *refeitório para os aspirantes* – parece expressar a materialização do projeto educacional. Os utensílios, as comidas servidas e as reclamações sobre a alimentação ocupam um artigo quase inteiro, publicado nos *Bordejos*, veiculado no Jornal do Comércio do dia 13 de março de 1955: A baixela era franciscana (...) Toalhas e guardanapos eram um mito. Talinhas de barro, pouco asseadas, forneciam uma água mor-

31. BOITEUX, L.A. "Bordejos sobre meio século de Marina". *Jornal do Comércio*. Rio de Janeiro. 13/03/1955.

na e da bica (...). A alimentação cotidiana fornecida aos alunos era detestável em quantidade e preparo"[32].

Os registros memorialísticos lamentavam sobre a qualidade das refeições comuns. Era uma comida feita sem sabor nem identidade, servida em um refeitório sombrio e pouco asseado e que ocasionava choros furtivos, muxoxos e tristezas. Tudo indica que a escassez estivesse ligada a uma dietética para o caráter, para um exercício de disciplinamento dos gostos, das vontades, uma necessidade de domínio rigoroso dos desejos, qualidades perseguidas na educação militar. É imperioso pensar, também, que tal escassez estivesse relacionada com um treinamento para a temperança, uma vez que a clientela era composta de jovens em fase de crescimento, submetidos diariamente a constantes exercícios corporais; ginásticas; natação; remo; esgrima, por exemplo, atividades que faziam parte do currículo escolar.

> O café da manhã, bastante ralo e mal açucarado, vinha acompanhado de um minúsculo pão de trigo com uns laivos de manteiga francesa Demagny, já meio rançosa (...) Ao almoço havia dois pratos: um muito pouco convidativo ensopado, conhecido como Cabuloso, acompanhado de arroz mal escolhido e pedregoso (...) pobres dentes que mordiam uns bifes coriáceos, de beira-virada, encostados a uma farofa. De quando em vez uns feijões bem aguados.[33]

Continuando a narração do regime alimentar a que estavam submetidos, pode-se inferir que o detalhamento com que aparecem descritos pelo memorialista são indícios das marcas interiorizadas, sentidos que guardaram a lembrança de sabores e odores.

---

32. Idem.
33. Boiteux, L.A. "Bordejos sobre meio século de Marina". *Jornal do Comércio*. Rio de Janeiro. 13/03/1955.

> O jantar pouco diferia do almoço: em vez de bife, fatias duras de carne assada. A sobremesa era representada por duas bananas ou uma laranja. Nos dias de festa nacional era reforçada com uma lasca de goiabada envinagrada Pesqueira e de uma fatia de queijo branco de Minas, fabricado, diziam, por lazarentos, que sentiam suave refrigério em ter as mãos mergulhadas nos coalhos. (...) Às sextas-feiras, após o estafante exercício de infantaria, à ceia, de um cafezinho escorrido com pão, era acrescida uma terrina de canjica bastante aguada.[34]

O memorialista registra a insatisfação com a comida oferecida reclama da fome constante que os aspirantes/calouros sentiam e conta que muitos alunos *choravam furtivamente* com saudade da comida de casa preparados por *mãozinhas solícitas e carinhosas.* Ainda, segundo o memorialista, as melhores carnes, frutas e verduras frescas eram encaminhadas para o consumo dos diretores e dos oficiais e eram "recebidos diariamente do mercado da cidade (sito na Praça XV de Novembro) vindos no escaler da compras"[35]. A narrativa prossegue e por ela é possível identificar o cumprimento de uma hierarquia militar, em que os pratos de comida vinham "descendo do Chefe de Esquadra ao calouro mais moderno que, no geral encontrava a travessa ou a terrina já limpas pelos veteranos vorazes e gargantões"[36].

Ora, se a alimentação na Escola Naval ocupou uma parte considerável das lembranças de Lucas Alexandre Boiteux, tudo leva a crer que ela deixou marcas em sua formação. Pode-se pensar que as referências às práticas alimentares relacionavam-se à saúde do corpo imprescindível ao militar que se enfraquecia pela privação dos alimentos, como reclamava veementemente o autor;

---

34. Idem.
35. Boiteux, L.A. "Bordejos sobre meio século de Marina". Jornal do Comércio. Rio de Janeiro. 13/03/1955.
36. Idem.

> Nossas autoridades não queriam compreender que esses moços ainda em fase de crescimento e desenvolvimento físico, trabalhados diariamente, em constantes exercícios corporais; ginásticas, natação, remo, esgrima, etc... careciam de uma alimentação abundante, forte e sadia. Entretanto, isso não acontecia; saíam muitas vezes da mesa com fome, tanto pela repugnância como pela deficiência dela[37].

Pelas lentes de Lucas Alexandre Boiteux, pode-se considerar que a educação militar oferecida pela Escola Naval orientava-se, ao menos no plano da teoria, para formação técnica dos quadros de elite destinados à Marinha Nacional. Os professores também provinham dessa formação e eram todos militares da própria Marinha, o que pode ser pensado como uma educação entrópica. Assim, os agentes, os espaços físicos ocupados, o rol de conhecimentos que compunham a grade curricular apresentam-se, nos *Bordejos,* articulados entre si e davam corpo a uma cultura escolar que contempla as dimensões do dizer, do fazer e do agir didático e pedagógico (Magalhães, J. 2008. p. 19).

Arremates

Os *Bordejos* de Lucas Alexandre Boiteux se caracterizam como uma via importante para conhecer práticas, saberes e sabores escolares e, muito especialmente, conhecer através das escritas de memória de um *homem de letras,* formas de educação escolarizada de cunho militar (masculinas) específicas de uma geração nos inícios da República, daí sua importância para os estudos da História da Educação Militar. Com linguagem rebuscada, idílica, e certamente idealizada, Lucas deixa confirmação de sua existência, constrói uma

37. Idem.

imagem para si próprio e (consciente ou inconscientemente), para os outros, além de evidenciar aspectos do cotidiano de uma escola militar no limiar do século XX. O modelo de transmissão do conhecimento não está assentado no questionamento o que se alinha a uma característica de produção de conhecimento geracional e de gênero: descrição minuciosa, ordenamento, classificação e disciplina/temperança corporal, obediência às regras que produzem uma sensação de verossimilhança e de racionalidade afinadas com aquela temporalidade. Seja através do currículo, seja através das suas anotações memorialistas pode-se encontrar uma naturalização das condições de *ser homem e militar naquela temporalidade* que se caracteriza pelo domínio dos sentimentos pessoais pela separação radical entre razão e sensibilidade, imaginação e raciocínio, objeto e sujeito; onde perduram relações sociais e de poder marcadas pelo corporativismo, voltados para a legitimação da ordem (Albuquerque Júnior, 2005, p. 60). Pelos *Bordejos* escritos por Lucas Boiteux foi possível penetrar nas dinâmicas da Escola Naval, descobrir o currículo ensinado e os assuntos e personagens que ocuparam papéis estelares em lugares em lugares e momentos determinados.

No último artigo da série *Bordejos*[38] publicado no Jornal do Comércio, Lucas Boiteux encerra suas lembranças escolares, apontando para as trajetórias de seus colegas e é perceptível a nostalgia com que o faz como a criar um passado com o qual pudesse conviver: "Nem todos os 86 que éramos, logravam, infelizmente, a meta almejada. E pouco a pouco a turma foi se despovoando melancolicamente. Hoje, cinquenta e oito anos volvidos, um terço ainda, rijo e forte à mercê dos céus, alonga a vista enevoada por lágrimas esquivas, para o passado remoto pejado de esperanças que se esvaecem, no sol-por da vida".

Há um tom melancólico em suas palavras finais, a escola habita a memória e a memória se decanta nos lugares em que vive e, para o

38. Boiteux, L. A. "Bordejos sobre meio século de Marina". *Jornal do Comércio*. Rio de Janeiro. 05/06/1955.

historiador, isso funciona como um ponto de partida, um despertar, uma esperança, uma possibilidade de novas leituras para inventar outros presentes. É possível considerar que certa nostalgia por épocas passadas se explique pelo fato de que, à distância, sempre projetem uma imagem já atualizada pelas vivências posteriores aos fatos relatados, mas esse aspecto não impede de considerar o texto memorialista como uma das formas de gerar sentido ao passado, protegendo-o, com variadas interpretações da suspeita do casual. Tendências confessionais, *perfomáticas* alimentam modalidades de construção subjetiva e consumo identitário em uma espetacularização do eu que visa a obtenção de um efeito: o reconhecimento aos olhos do outro, e sobretudo o cobiçado fato de ser lembrado como escritor que maneja bem a língua e a memória.

As memórias, quando historicizadas, oferecem novas e interessantes possibilidades para iluminar aspectos da cultura escolar em que foram socializados futuros militares, pois colocam ênfase na ideia de sua formação. As descrições permitem reconhecer valores, crenças e visões de mundos singulares que contribuíam para a formação escolar de um dado perfil profissional em uma dupla perspectiva de análise: uma criação individual (a voz do narrador) e coletiva (na medida em que pode expressar o sentir de um grupo e incidir sobre outros). Ao mesmo tempo, tais relatos alimentam o empenho de continuar localizando, reunindo e selecionando documentos que ajudem a compreender aspectos da educação escolarizada no Brasil e, assim, buscar novas e outras indagações sobre a vida, a escola, a vida na escola e a escola em nossas vidas (Mignot, 2003). O caráter efêmero (veiculadas em velhos jornais) e o desprestígio que tais escritas suscitam (destinadas, quase sempre, ao fogo e/ou ao lixo) dificultam sua conservação e podem explicar seu relativo esquecimento daí a importância do historiador em torná-las visíveis como expressão e como veículo de um tempo e um lugar social. Lucas Boiteux, um homem do mar, escreveu suas memórias escolares, remontando ao tempo que estava a preparar-se para exercer sua função no leme e na proa, diuturnamente e, por estas condições de produção de suas memórias fica evidenciado o intuito de destacar a formação de sujeitos (homens) embebidos de valores militares em uma ótica pedagógica moralista, consoantes ao gênero e àquela geração de homens.

Referências Bibliográficas

ALVES, Cláudia Maria Costa. *Cultura e Política no Século XIX: O Exército como campo de constituição de sujeitos políticos no Império.* Bragança Paulista: EDUSF, 2002.

ALBUQUERQUE JÚNIOR, Durval Muniz de. "De Amadores e Desapaixonados: Eruditos e intelectuais como distintas figuras de sujeito do conhecimento no Ocidente".*TRAJETOS. Revista de História da UFC.* Fortaleza, v. 3, nº 5,2005. p. 43-66.

BRESCIANI, Maria Stela Martins. *O charme da ciência e a sedução da objetividade. Oliveira Vianna entre os intérpretes do Brasil.* SP: EDUNESP, 2005

BOITEUX, Lucas Alexandre. Bordejos sobre meio século de Marinha. *Jornal do Comércio.* Rio de Janeiro. (16/01; 30/01; 13/02; 13/03; 24/04; 05/06/1955).

BORGES, Vavy Pacheco.*Em busca de Gabrielle.* São Paulo: Alameda, 2009.

CASTRO, Celso. *O espírito militar. Um estudo de Antropologia Social na Academia Militar das Agulhas Negras.* Rio de Janeiro. Jorge Zahar Editor. 1990.

CHARTIER, Roger. *Pluma de ganso. Libro de letras, ojo viajero.* México. Universidad Iberoamericana. 2005.

COSTA. Jurandir Freire. *Ordem Médica e Norma Familiar.* 4ª edição. Rio de Janeiro. Edições Graal. 1999.

CUNHA JÚNIOR, Carlos Fernando Ferreira. *O Imperial Collegio De Pedro II e o ensino secundário da boa sociedade brasileira.* RJ: Apicuri, 2008.

CUNHA, Maria Teresa Santos. *Armadilhas da Sedução. Os romances de M. Delly.* Belo Horizonte. Autêntica, 1999.

_________. *A Produção Historiográfica de Lucas Alexandre Boiteux no Jornal do Comércio do Rio de Janeiro (1911/1959).* Florianópolis, 1982. Dissertação de Mestrado (História). Universidade Federal de Santa Catarina.

DALLABRIDA, Norberto. *A fabricação escolar das elites. O Ginásio Catarinense na Primeira República.* Florianópolis: Cidade Futura. 2001.

DOSSE, François. *O desafio biográfico: Escrever uma Vida.* São Paulo: EDUSP, 2009.

FARGE, Arlette. *O sabor do arquivo.*São Paulo: EDUSP, 2009.

FARIA FILHO, Luciano Mendes. *Dos pardieiros aos palácios. Cultura escolar e urbana em Belo Horizonte na Primeira República.* Passo Fundo: UPF, 2000.

FERREIRA, Aurélio .Buarque de Holanda. *Novo dicionário da língua portuguesa.* 2ª ed. RJ: Nova Fronteira, 1986,

GAGNEBIN, Jeanne-Marie. O início da História e as lágrimas de Tucídides. *Margem/ Narradores e Intérpretes.* São Paulo, Educ, n. 1 1992.

GASS,William. *A arte do self. Como escrever autobiografias numa era de narcisismo. Folha de São Paulo:* 21/08/1994. Caderno MAIS.

GUEDES, Max Justo (Capitão de Mar-e-Guerra). *Almirante Lucas Alexandre Boiteux. Marinheiro e Historiador.* Serviço de Documentação Geral da Marinha. 1980. mimeo. 23 p.

GIARD, Luce. *Artes de nutrir.* In: CERTEAU, M de. *A invenção do cotidiano: 2. morar, cozinhar.*Petrópolis, RJ: Vozes, 1996.

HÉBRARD, Jean. Por uma bibliografia material das escritas ordinárias. A escrita pessoal e seus suportes.In: MIGNOT, A.C.V., BASTOS, M.H.C. e CUNHA, M.T.S. *Refúgios do Eu. Educação, História e Escrita Autobiográfica.* Florianópolis. Editora Mulheres. 2000. p. 29-61.

LARROSA, Jorge. *Ensayo, diario y poema como variantes de la autobiografía A propósito de un "poema de formación" de Andrés Sánchez Robayna.* Universidad de Barcelona..mimeo.2007.España.

LOPES, Eliane Marta Teixeira.e GALVÃO, Ana Maria de Oliveira. *História da Educação.* Rio de Janeiro: DP&A, 2002.

MAGALHÃES, Justino Pereira de. Escrita Escolar e Oficialização da Escola Portuguesa. IN: CASTILLO GÓMES, António e SIERRA

BLAS, Verônica. *Mis primeros pasos. Alfabetización, escuela y usos cotidianos de la escritura (siglos XIX e XX).* Madrid: Edicciones Trea, 2008. p. 19-40.

MIGNOT, Ana Chrystina Venancio. *Papéis guardados.* Rio de Janeiro: UERJ/Rede Sirius. 2003.

MOREIRA, Antônio Flávio Barbosa (org). *Currículo: Questões Atuais.* 14ª edição. SP: Papirus, 2008.

PIVATTO, Priscila Maddalozzo. *Outras faces de um historiador: Uma incursão no acervo privado de Lucas Alexandre Boiteux.* Monografia de Conclusão de Curso. Departamento de História/ UDESC, 2004.

POULAIN, Jean-Pierre. *Sociologia da Alimentação.* Florianópolis: Edit. da UFES, 2004.

RICOUER, Paul. *A memória, a história, o esquecimento.* Campinas, SP: Editora da Unicamp, 2007.

SEVCENKO, Nicolau. *Literatura como missão.* São Paulo: Brasiliense, 1989.

SOUZA, Maria Cecília Christiano Cortez. de. *Escola e Memória.* Bragança Paulista: EDUSF, 2000.

TEIVE, Gladys Mary Ghizoni.*"Uma vez normalista, sempre normalista": cultura escolar e produção de um habitus pedagógico. Escola Normal Catarinense - 1911-1935).* Florianópolis: Insular, 2008

VENANCIO, Giselle Martins. Sopros Inspiradores. Troca de livros, intercâmbios intelectuais e práticas de correspondência no arquivo privado de Oliveira Vianna. In: BASTOS, M.H.C.; CUNHA, M.T.S. e MIGNOT, A.C.V. (orgs). *Destinos das letras. História , educação e escrita epistolar.* Passo Fundo: UPF. 2002. p. 217-241.

VECHIA, Ariclé e LORENZ, Karl Michael (organizadores) *Programa de Ensino na escola secundária brasileira: 1850-1951.* Curitiba: Ed. do Autor. 1998.

VICENTINI, Paula Perin e LUGLI, Rosario Genta. *História da Profissão Docente no Brasil: representações em disputa.* São Paulo: Cortez, 2009.

VIÑAO FRAGO, Antonio.(1995). Historia de la educación e historia cultural. *Revista Brasileira de Educação.* vol.1, n.0, pp. 63-82, set./dez.

ENCONTRO DE SI EM HISTÓRIA DE VIDA: O APORTE DAS HISTÓRIAS DE VIDA NA FORMAÇÃO EM "*SENTIDOS E PROJETO DE VIDA*"[1]

Serge Lapointe

Introdução

Em meu contato com as histórias de vida, há um antes e um depois demarcado pelo primeiro encontro de formadores e investigadores, realizado pela Rede de Quebec de práticas de histórias de vida, em 1994. Sob o título *Pratiques des histoires de vie: au carrefour de la formation, de la recherche et de l'intervention*, Jean-Marc Pilon e Danielle Desmarais, ambos professores na Rede da Universidade de Quebec, haviam reunido cerca de quarenta pessoas, pioneiras, que desenvolveram o movimento de histórias de vida na Europa francófona. Os anos que se seguiram foram, para mim, anos de aprofundamento contínuo, seguidos pela busca do poder transformador das histórias de vida. Após 1994, em meu ofício de professor, de investigador e de consultor, fui influenciado pela promessa que havia sido anunciada neste primeiro encontro, a saber, de gerar "uma articulação entre a investigação e a formação, entre a teoria e a prática, entre o saber e o ser " (Desmarais, D, Pilon, J.M. 1998).

Após este primeiro simpósio com histórias de vida, uma pequena equipe de professores da unidade de ensino e investigação da

1. Tradução: Profª Dra. Dislane Zerbinatti Moraes.

qual faço parte na Universidade da Quebec em Rimouski, a seção dos programas de psicologia, fundou um grupo de investigação e de implicação, com o objetivo de desenvolver trabalhos com as histórias de vida, voltados para a própria história dos membros do grupo, e para as suas práticas como formadores. Este grupo constitui-se no lugar principal das nossas aprendizagens com as histórias de vida, primeiro em relação a nossa própria vida e posteriormente em nossos programas de ensino e de investigação. Tomamos contato também com os estudos de pessoas mais avançadas que nós no domínio, como Marie-Christine Josso que já havia publicado o seu magistral *Cheminer vers soi* (1991) e que, mesmo a distância, de Genebra, acompanhava-nos como membro integrado ao grupo.

Nos últimos quinze anos, os trabalhos deste grupo não cessaram de se diversificar e se transformar, alimentando os programas de primeiro e segundo ciclo em psicologia. As nossas descobertas enriqueceram as nossas práticas e, o inverso, as nossas práticas alimentaram nossos questionamentos. Em um trabalho coletivo em curso, Diane Léger (2009) elaborou o projeto de formalização dos avanços obtidos em relação aos referenciais teóricos, metodológicos, pedagógicos e epistemológicos das nossas práticas de investigação em primeira pessoa, que se apóiam principalmente sobre as histórias de vida em formação.

Quero aqui apresentar um destes programas, criado há cinco anos, em conjunto com duas outras instituições componentes da rede da Universidade de Quebec[2]. Este programa tem a originalidade de apoiar-se largamente sobre as histórias de vida como campo integrador. É como se as histórias de vida se tornassem de repente uma disciplina à parte inteiramente concebida como lugar de elaboração de novos conhecimentos. Sob o título *Sentidos e projeto de*

2. Criada em 1969 para acolher o grande número de estudantes que chegavam à universidade, conseqüência do vasto programa de democratização do acesso aos estudos superiores, a Universidade de Quebec é composta de instituições que são universidades inteiras constituídas de forma independente. Elas fornecem serviços comuns coordenados por uma Sede social. (nota do autor)

vida, este programa de segundo ciclo acolhe pessoas de toda parte de Quebec[3]. Estas pessoas aceitam comprometer-se em um trabalho autobiográfico, assumindo a perspectiva de aceder a novas compreensões da sua história de vida e encontrar vias inéditas de desvendamento de sentidos e renovação de sua existência. O programa dirigiu-se de início a pessoas de cinqüenta anos ou mais que, geralmente, viviam transições importantes em direção a um novo período de suas vidas.

A referência descritiva ao programa, *Sentidos e projeto de vida*, se constituirá em uma ocasião para abordarmos, às vezes de passagem e às vezes tocando no terreno específico dos temas relativos ao corpo biográfico, às idades da vida e aos cuidados de si. A reflexão será conduzida em três fases. Após uma descrição global do programa identificando as intenções e desenvolvimento, apresentaremos uma experiência selecionada em função do uso particularmente fértil das histórias de vida em grupo, a saber, a prática do relato coletivo. Neste segundo momento, será discutido o recorte das idades da vida descobertas nesta prática de relato de vida. O terceiro momento tratará das contribuições das histórias de vida em "*Sentidos e projeto de vida*", especialmente investigando as suas finalidades. Terminaremos evocando a articulação entre saber e ser em história de vida.

I. Sentido e projeto de vida: elementos de contexto

"Meu país não é um país, é o inverno! " canta o poeta nacional e nacionalista de Quebec, Gilles Vigneault. E prossegue:

"Na branca cerimônia

3. Os estudantes vêm de toda Quebec, porque as três instituições associadas ao programa compreendem duas universidades regionais e a Televisão Universitária – instituição especializada no ensino a distância, cuja clientela não territorial é proveniente de todas as regiões e que está integrada à grande Universidade de Montreal. Qualquer que seja a instituição que acolhe os estudantes, a norma de admissão é ser titular de diploma de primeiro ciclo. (nota do autor)

Onde a neve ao vento se casa
Neste país empoeirado[4]
Meu pai fez construir a casa
E eu vou ser fiel
A sua maneira, ao seu modelo".

Se por medo ou fidelidade, este país não é sempre um? No entanto houve ocasiões para ele poderia ter se tornado dois. Primeiro, em 1980, em seguida em 1995, por ocasião de dois referendos, nos quais perguntou-se aos cidadãos se eles queriam se tornar independentes, ou não, do resto do Canadá. Quebec não é ainda um país, mas é um vasto território habitado por um povo único que não é mais a França, apesar da sua língua e a sua cultura de origem, e, ao mesmo tempo, distinto de todos os vizinhos da América. Portanto, é uma ilha num mar anglófono. Até 1960, manteve fidelidade a sua língua, cultura e herança religiosa, fixando deste modo as instituições tradicionais.

Poderíamos dizer que partimos de longe para introduzir os elementos de contexto de um programa universitário. No entanto não, porque os destinatários deste programa nasceram na forte expansão dos nascimentos, que se seguiu à última Grande Guerra. Fizeram parte da primeira ou da segunda geração que construiu a Quebec moderna procedente da Revolução tranqüila dos anos 1960. Participaram nas marchas nacionalistas dos anos 1970 e começaram a sua vida profissional nos anos estimulantes, nos quais havia emprego para todos nos novos meios laicizados como a educação e a saúde. Eles são chamados de "*baby boomers*" e agora chegaram à idade da

---

4. "poudrerie" no original. A palavra "poudrerie" dicionarizada significa "fabrica de pólvora". Os termos derivados referem-se a poeira fina, polvilhar, empoeirar. (Conforme *Le Micro-Robert Poche*, 1989) (Nota de tradução).

A "poudrerie" é uma palavra forjada em Quebec no século XVII para nomear o que se vê quando a neve é varrida pelo vento ("quando a neve ao vento se casa"). A neve é, então, como uma poeira de grande beleza que tem a desvantagem de obstruir a visão quando se tem necessidade de viajar. (Nota do autor)

aposentadoria. Estes que participaram da construção da Quebec moderna, em lutas freqüentemente épicas e cuja vida, para a maior parte, é rica de experiências gratificantes, continuam a manter o desejo de uma vida significativa na última parte de suas vidas. É cada vez maior o número daqueles que se interessam por uma busca rigorosa e adequada, com vista à execução deste desejo. Por isso se dirigem ao programa *"Sentidos e projeto de vida"*, o qual foi criado objetivando acolher os desejos dos participantes de completude de uma etapa de vida e de realização pessoal.

O programa foi criado pela Rede da Universidade de Quebec. O que não é surpreendente, dado que esta rede foi construída em 1969 para acolher numerosos candidatos aos estudos universitários procedentes da democratização do ensino, e sempre procurou desenvolver programas de formação adaptados às necessidades dos adultos. Um programa dirigir-se especificamente aos mais velhos é, contudo, uma novidade na rede, tornando-se um ponto de honra, até agora, a reunião, nos mesmos grupos, de jovens e velhos, de modo a provocar a sinergia entre as gerações e marcar a unicidade dos programas, sem distinção de idades. Com este programa a Rede prossegue em sua missão de origem, formulando uma resposta adaptada a uma problemática bem real, relativa à atividade geracional[5] de pessoas já formadas em um primeiro ciclo universitário, ricas de experiência profissional e vida bem realizada, e que querem continuar a investir seus recursos na coletividade.

Os artífices de primeira hora do programa *"Sentidos e projeto de vida"* e os professores atuais conheceram-se e trocaram experiências sobre as suas práticas e investigações nos encontros da Rede quebequense de práticas de histórias de vida. Este pertencimento comum facilita a coesão entre os intervenientes e uma coerência nos seus relatórios de histórias de vida em formação. A idéia original dos criadores do programa é apostar no potencial heurístico das his-

5. No original "générativité". Em português, generativo, no duplo sentido de geração e gerador. (Dicionário Houaiss da Língua Portuguesa) (nota de tradução)

tórias de vida em formação, ao mesmo tempo em que no seu potencial de renovação.

Descrito como uma ocasião de refletir sobre sua vida, o documento de apresentação do programa afirma que este "tem por objetivo acompanhar as estudantes e os estudantes em um empreendimento de reflexão sobre os sentidos da sua vida, a fim de permitir-lhes elaborar um projeto de vida de natureza pessoal ou de reinvestimento social". Mais distante, o mesmo documento acrescenta: "visa primeiro o desenvolvimento pessoal a partir da exploração e a reflexão sobre a sua vida, de um ponto de vista cognitivo, afetivo, existencial, ontológico e espiritual".

O programa desenvolve-se em um período de dois anos e meio e é composto de quatro cursos. Sob o título de "*Compartilhamento de sentidos e diálogo*", o primeiro curso permite elaborar uma reflexão crítica sobre os desafios que cercam a busca de sentidos nessa passagem para a aposentadoria ou de reorganização de vida. Está sob a responsabilidade dos nossos colegas da Universidade de Quebec de Chicoutimi. O segundo curso está sob a responsabilidade da Televisão Universitária que aplica no acompanhamento deste curso a sua experiência pedagógica a distância. Neste curso, os estudantes escrevem relatos de vida e efetuam análises. A nossa equipe de Rimouski acolhe os estudantes no seu terceiro curso, sob o título de "*Trajetórias pessoais e sociais*". A proposta pedagógica elaborada neste curso, que é a de constituir um relato de vida coletivo, será descrita no próximo ponto.

No último curso do programa, com duração de um ano, cada grupo trabalha com os formadores da sua universidade de origem, com a intenção de promover a elaboração de um projeto próprio de vida. O acompanhamento dos grupos na elaboração deste projeto revelou-nos todas as dificuldades de uma proposta em ação. Se as tomadas de decisão na gestão do projeto são bem conhecidas em vários programas de segundo ciclo, as modalidades de elaboração de projetos para a construção de si em um contexto de formação universitária devem ser inventadas. É a isto que estamos nos aplicando atualmente, situando-nos ao redor do conceito de projeto existencial. Constitui-se, ao mesmo tempo, em uma série de atividades que permitem a configuração de uma narração do seu "ser" e a realização dele no "social". O projeto existencial é a articulação no tempo e no espaço da missão pessoal. Jean Monbourquette (2008, p. 18) define assim a missão pessoal: "o termo missão remete a uma orientação inscrita no ser de cada um com o propósito de uma ação social. Em outros termos, designa a necessidade sentida de desabrochar-se em um agir que corresponde a uma identidade pessoal a serviço da comunidade". Neste sentido, o projeto existencial vem a nós, mas é necessário saber descobri-lo e reconhecê-lo. O conhecimento de si, entre luzes e sombras, é um fator determinante do sucesso desta investigação, pois o projeto existencial revela-se na inteligência mais profunda em cada um de nós. Durante o primeiro ano do programa, o trabalho com as histórias de vida precede a elaboração do projeto dessa natureza. Prepara, portanto, adequadamente o terreno para a concepção de um projeto existencial, porque permite novas compreensões sobre si e sobre sua identidade, identifica dimensões esquecidas e também favorece o reconhecimento dos chamados da alma, que foram anteriormente negligenciadas durante a sua trajetória de vida.

II. O eco de si no relato de vida coletivo: as idades compartilhadas

É no uso e na prática do relato coletivo que emerge a confiança no processo instaurado pelo partilha de sua história. Tentarei dar a ver o mais concretamente possível o caminho proposto neste curso e a sua pertinência no contexto mais global de um processo de formação em "*Sentidos e projeto de vida*". Para além dos impactos nos participantes, o meu desejo é resgatar os elementos de conteúdo sobre as idades da vida procedentes de uma observação participante em nove grupos diferentes, aos quais foi proposto o relato coletivo, durante os últimos cinco anos.

II.1. A prática de relato coletivo em história de vida

O relato coletivo é uma técnica de trabalho com as histórias de vida em grupo. De acordo com o meu conhecimento, a aplicação desta técnica é específica do programa *Sentido e projeto de vida*. Consiste em construir um relato coletivo a partir das histórias de vida de cada um. A prática deste relato pode realizar-se de várias formas. As invariantes são pouco numerosas. A primeira refere-se à temporalidade e consiste em identificar os limites temporais que vão conter o relato. Procedemos fazendo iniciar o relato com o ano de nascimento da pessoa mais idosa no grupo e terminar no tempo presente. No inverno de 2009, por exemplo, nós realizamos um relato em um grupo no qual a pessoa mais idosa festejava os seus setenta anos. Léon havia nascido em 1939. Nosso relato coletivo desenrolava-se consequentemente sobre os setenta anos que separava-nos deste ano, no início da Grande Guerra. Como é impossível fazer uma história de vida sem referir-se às gerações precedentes, neste grupo nós cobrimos uma trajetória social e cultural de um século e meio, porque "alguém que não pretende recordar de antes do seu nascimento pareceu-me sempre mentir" (Singer, C. 1990, p. 31).

A segunda invariante refere-se à natureza da participação de cada pessoa no grupo. Esta participação é introduzida em sequências sucessivas que correspondem à decupagem em cenas ou períodos de tempo a cobrir. No nosso exemplo, recortamos o tempo em décadas. Em um grupo restrito de dez ou doze pessoas, as seqüências podem ser recortadas em períodos menores, mais próximos uns dos outros. No entanto, qualquer que seja a dimensão do grupo, uma decupagem que exceda a uma década não permitiria encontrar os acontecimentos importantes de cada idade da vida.

A terceira invariante é a sugestão de um método de trabalho feito aos participantes para recordar-se de sua história pessoal em relação com o seu ambiente. Propomos um trabalho de repartição e de distribuição sobre quatro linhas temáticas. A primeira linha é a dos acontecimentos pessoais. Elas são nomeadas com a data da sua ocorrência. Exatamente abaixo, as lembranças ligadas à interioridade da pessoa são consignadas. A linha superior relata os fatos ocorridos na família imediata. Uma quarta linha reconstitui os acontecimentos da comunidade de pertencimento (cidade, aldeia), bem como os da sociedade em geral e do mundo, os quais a pessoa recorda-se como sendo importantes para ela.

O relato coletivo desenrola-se por tomadas de palavra sucessivas de cada participante, em uma situação denominada "círculo de palavra". O primeiro círculo visa introduzir cada participante no grupo, de acordo com a sua antiguidade no círculo onde o mais velho e mais jovem serão vizinhos. Assim colocados, cada um toma a palavra na ordem do seu nascimento para comunicar ao grupo o que sabe das condições do seu nascimento e da origem de seu nome. Esta chegada pela palavra no tempo do seu nascimento e no tempo atual do grupo é um momento forte para cada um, que repete metaforicamente a sua chegada na família e no meio social de vida.

Às três invariantes identificadas acrescentam-se instruções que modulam as maneiras de evitar a repetição, favorecer a participação, adaptar-se ao vivido que emerge deste jogo histórico. Estas variáveis revelam a imaginação e a intuição dos formadores e estão ligadas às suas percepções quanto às necessidades do grupo. O procedimento não tem nada de mecânico. Em todo o tempo, a atenção é direcionada sobre o grupo e a cada uma das pessoas que o compõe, com a preocupação de atender àqueles que podem viver momentos difíceis e dolorosos na rememoração de todos esses acontecimentos de suas vidas. Já havia dito como:

> (.....) a decupagem do tempo em períodos favorece a emergência de uma compreensão renovada das idades e os ciclos de vida em suas continuidades e rupturas. Quando tudo isso é feito em um grupo, no qual os indivíduos marcam cada um para si e em sua volta o seu relato do tempo dos nascimentos, dos compromissos sociais, das partidas, dos funerais, cobrindo várias gerações, sentimo-nos pertencer a um grande desen-

rolar natural dos acontecimentos da vida, onde as nossas histórias individuais imbricam-se em um destino mais largo, uma respiração mais ampla do tempo e da história (Lapointe *et al*, 2007).

II.2. As idades da vida

Participar de um relato coletivo é ter a possibilidade de desenrolar o fio vermelho da vida em sua singularidade, ao mesmo tempo em que participa da aventura da comunidade humana através da percepção dos pontos comuns que marcam as idades da vida. Apesar das diferenças de idade, em um relato coletivo, envelhecemos juntos e participamos dos mesmos desafios que caracterizam os grandes momentos de uma vida humana. As convergências e semelhanças são ainda mais surpreendentes quando o grupo é composto de pessoas de culturas diferentes. Em Quebec, uma distinção cada vez mais discutível impôs-se entre aqueles que se chamam quebequenses de cepa e os imigrantes. Quando os imigrantes antigos ou novos recém-chegados e quebequenses procedentes das diferentes regiões desta vasta província são reunidos num mesmo grupo, observamos que o exercício dialógico do relato coletivo é um potente meio de aproximação e de compreensão, no qual o comum do humano transcende as diferenças culturais. Pelo efeito do espelho que consiste em se reencontrar no outro, os participantes descobrem com admiração como a mais radical singularidade emudece, transformando-se em familiaridade com o estrangeiro de origem mais distante.

Identificamos momentos críticos na trajetória de vida dos nossos participantes, momentos que são encontrados em todos os grupos. Descobre-se, com efeito, seis períodos de vida ou seis idades marcadas por momentos de transição. Uma atenção específica é prestada a estes momentos de transição porque são particularmente ricos e reveladores do que cada um constrói com as heranças do seu nascimento. Além disso, estes momentos, cuja duração é variável de acordo com as pessoas, são ricos de potencialidades para uma vida mais satisfatória. Por último, levamo-nos a crer que no período de transição que constitui a mudança de vida no momento da aposentadoria, os desafios não solucionados na história anterior, retomados, apresentam e dão a cada um a possibilidade de solucioná-los com recursos adquiridos. Isso se verifica em especial a quem olha a vida afetiva, a vida amorosa e as relações de casal, a narração do sentido da vida e o acolhimento de sua finitude.

A primeira idade é a da infância, com uma transição gerada pela primeira separação da família ao entrar-se na escola. A entrada na escola é marcante e plena de lembranças, mas não constitui habitualmente um período de crise.

A primeira transição crucial ocorre, para a maioria das pessoas, ao redor da idade de treze anos. É a idade na qual não se é mais uma criança, sem ser ainda um adulto. Vários participantes têm anedotas saborosas ligadas à atenção a suas sexualidades e afirmação sexual no mundo. Penso naquela participante que brincava com as suas bonecas e que as escondia quando via surgir um rapaz. O início da adolescência é um período em que quase todos se colocam questões muito vivas, e frequentemente de um modo ansioso, sobre as grandes perguntas da existência. Num programa baseado na pergunta sobre o sentido, este é um período de vida particularmente fértil a explorar. A vida futura informará sobre a natureza das nossas respostas da época e sobre as nossas perguntas não resolvidas, as quais são pressentidas, lembradas e chamam a nossa atenção.

O período posterior, de vinte anos, poderia se chamar idade do primeiro ensaio. Esta idade é caracterizada, com efeito, pelas escolhas importantes para a vida existencial, como a escolha da profissão ou ofício, do cônjuge e uma primeira experiência de autonomia sobre o governo dos valores familiares conservados, quando da transição da adolescência. Gosto de chamar esta idade de romance familiar em estado puro. Não importa se sob o modo da revolta ou da conformidade, vivemos então, ainda que mal, com a herança da nossa cultura familiar. Consciente, mas, sobretudo inconscientemente, repetimos o que nós havíamos aprendido.

Este primeiro ensaio é raramente o "bom ensaio" e não me recordo ter encontrado uma só pessoa de nossos relatos coletivos que não tenha vivido nos seus trinta anos a superação de uma questão importante. Entre os acontecimentos mais dramáticos incluem-se a separação do seu primeiro cônjuge, o exílio do seu próprio país para refazer a vida noutro lugar, a mudança de trabalho muitas vezes acompanhada de um regresso aos estudos, e outros ainda. Tudo se passa como se, nesta idade, entregássemos a nossa vida sobre vias que convinham melhor ao nosso ser profundo. A maturidade adquirida permite fazer escolhas contrárias aos valores herdados dos pais, sem necessariamente ter de romper com a família de origem cujos princípios às vezes distenderam-se com o tempo. A transição dos trinta anos não é necessariamente acompanhada de mudanças espetaculares. Estas podem ser adiadas porque nos sentimos responsáveis pelas crianças a quem não se quer impor uma separação. Pode-se também permanecer em um emprego de que não se gosta, por medo de perder as vantagens que nós procurávamos. Estas decisões são recuperadas facilmente mais tarde. As retomadas de questões surgidas aos trinta anos podem ser feitas em paradas sucessivas por meio de um trabalho interior, o qual se refere muito mais à relação com os fundamentos de si na vida. As grandes perturbações não são, sempre, sinal de um trabalho sobre si bem sucedido. Podem também mascarar, em agitação externa, este trabalho a ser feito pela pessoa em seu interior.

O período seguinte corresponde ao da atividade geracional, nos diferentes espaços de expressão da vida, cujos dois grandes vetores continuam os mesmos, relações afetivas e profissionais. Em outros termos o amor e o trabalho. Nos relatos coletivos, não observamos crise sistemática e compartilhada durante este período que compreende a metade da vida e que se estende dos quarenta aos jovens de sessenta anos. Na nossa cultura, é a idade na qual os nossos participantes têm de se ocupar dos seus pais envelhecidos e, ao mesmo tempo, de suas próprias crianças. Três gerações encontram-se então e a do meio constitui a solidez para os pais, que partirão logo, e para os mais jovens, que deixam o ninho familiar em busca de vida própria.

No programa *Sentidos e projeto de vida*, sem que estejam em uma crise existencial profunda, os nossos participantes propõem-se sérias questões sobre o futuro e o sentido da existência. Compreende-se, de resto, que as pessoas que se inscrevem no Programa, vêm para encontrar respostas às perguntas existenciais neste momento de passagem entre a vida profissional e aposentadoria; período propício para interrogar-se mais livremente sobre que se é e sobre o seu futuro.

O mais interessante nas idades da vida tem menos a ver com as características próprias de cada período. Muitos trabalhos em psicologia aprofundaram já as diferentes idades da vida, sobretudo em psicologia da infância. Recentemente, os investigadores passaram a se interessar também pelas idades subseqüentes como a vida adulta e a velhice, cujas fronteiras são ainda difíceis de estabelecer. Aqui, em história de vida, atribuímos uma atenção particular aos momentos ou aos períodos de transições, os quais são momentos férteis em relatos renovados de si. William Bridges (2006), explica a diferença entre uma mudança e uma transição. "O que distingue essencialmente a mudança da transição é que uma mudança é motivada por um objetivo a atingir, enquanto que uma transição começa por uma renúncia. Esta renúncia diz respeito a coisas que não são mais adequadas à nova fase existencial, sobre a qual o indivíduo se prepara para viver" (p. 120).

Todas as pessoas de *Sentidos e projeto de vida* vivem uma transição importante em suas vidas. De certa maneira, aprendemos com nossos grupos a acompanhar esta transição para a grande idade, cujo processo bem sucedido passa por renúncias lúcidas, bem como por lutos, tristezas e perdas assumidas. A propósito da renúncia, Bridges (2006) explica que trata-se sempre de renúncia à uma realidade interior e denuncia a ilusão que há em renovar a sua vida em ações externas, enquanto que é o relato do ser que lhe é concernente:

Sairá talvez da vossa transição convencidos que devem romper com o vosso parceiro ou procurar um novo trabalho, mas tratar-se-á sempre de simples mudanças que decorrem da vossa transição. A transição, ela mesma, começa por uma renúncia a alguma coisa que sempre se acreditou ou se supôs, a uma visão de si mesmo, a uma maneira de ser ou a uma visão do mundo ou dos outros" (p. 120-121).

III. Os aportes das histórias de vida no Programa Sentidos e Projeto de Vida

"Não vive a vida de um homem, aquele que não se interroga sobre si mesmo"

(Platão. *Apologia de Sócrates.* I, 28)

Após ter feito conhecer, com uma apresentação geral do Programa *Sentidos e projeto de vida* e do relato de vida coletivo – que é uma aplicação particular do trabalho com as histórias de vida em situação de intersubjetividade, é oportuno nesta terceira parte refletir sobre os aportes das histórias de vida. Procederemos por etapas com três subtítulos. Faremos primeiro a pergunta sobre o porquê das histórias de vida em formação. Em seguida, nomearemos algumas contribuições particulares dos relatos de vida coletivos. O terceiro subtítulo, "saber e conhecimento", evocará a relação com o ser como lugar privilegiado da elaboração de sentidos.

III. 1. Por que as histórias de vida em formação?

Já sabemos que a finalidade das histórias de vida é multiforme e varia de acordo com as utilizações que os praticantes lhes atribuem. Em suas aplicações, as histórias de vida se constituem em um cruzamento, sobre o qual já foram abordados pela bibliografia os caminhos do atentidamento, da investigação e da formação. Elas são multiformes também quanto às numerosas intenções que podem motivar seus praticantes. Na boa companhia de Gaston Pineau, pioneiro e co-fundador da corrente das histórias de vida em formação, fiz um sobrevôo de um quarto de século ou mais desta corrente. Em um artigo sobre a gênese desta corrente de pesquisa-ação-formação existencial, Gaston Pineau reconhece as múltiplas finalidades das práticas que coabitam na corrente e sem ser completamente explícito sobre uma finalidade integradora, ele afirma, no entanto, que estas práticas são "uma arte potente de autoformação da existência ou pelo contrário de subjugação conforme (a corrente) permite ou não aos sujeitos apropriarem-se do poder de refletir sobre a vida e assim de ajudá-los a fazer uma obra pessoal" (2005, p. 1).

Gaston Pineau nomeia o imenso projeto emancipatório das histórias de vida. Assinar a sua vida como autor e tornar-se responsável é um projeto eminentemente precioso para qualquer ser humano que se põe a caminho da liberdade. Além disso, essa prática é mais ou menos acessível a todos, não somente aos universitários em ciências humanas. É necessário ver em Quebec e na Europa todas as intervenções junto aos pobres, como os desempregados e as pessoas que procuram emprego, por exemplo, que utilizam as histórias de vida como método para acompanhar um processo de reapropriação das suas competências e das suas potencialidades. Observa-se também, nas pessoas idosas do programa *Sentidos e projeto de vida*, este efeito de reapropriação. Isto é resultado de uma atitude de responsabilidade de si que se distancia da posição de vítima aprisionada em suas origens e na sua história. O trabalho biográfico torna-se assim uma escola de liberação e de criação de liberdades novas.

A emancipação, identificada aqui como um efeito para os indivíduos, pode ser posta em paralelo com a emancipação das coletividades, que passam também pela apropriação coletiva da sua história em relatos compartilhados. Eu sou originário de uma região de Quebec particularmente pobre, com desvantagens econômicas em relação aos recursos da floresta e do mar, por longo tempo explorados por estrangeiros. No decurso das últimas décadas, o progresso, advindo de um certo desenvolvimento, foi concomitante ao nascimento da consciência coletiva regional e à emergência de numerosos relatos pessoais. Esses relatos começaram e prosseguiram em cursos de alfabetização e pela multiplicação de programas de educação popular. Inspiramo-nos pelos trabalhos Paulo Freire sobre a educação como prática de liberdade.

Para retornar à questão dos efeitos emancipatórios dos relatos de vida, é iluminador citar um estudante do programa que se exprime assim no seu diário de formação. Após a sua entrada no programa, diz que "reencontrar-se, fazer o "ponto" na minha vida tornou-se o meu alvo". Em seguida, afirma:

> Eu ignorava, contudo, que deveria reanimar os infernos da minha vida passada, os meus sofrimentos; que deveria passar através de uma pluralidade de tempos, de movimentos e de espaço. Na minha juventude, quando fui queimado acidentalmente, asfixiei as minhas lágrimas para ser o pequeno homem do meu pai, mas aquilo não foi nada comparado ao que eu revivi. Fechar-me fisicamente num armário para asfixiar as meus lágrimas foi uma experiência fulminante, mas isso foi necessário para que saísse da criança do meu pai e entrasse na pele daquele que devia nascer, existir, preocupar-se de tomar seu lugar, de gostar-se essencialmente, de viver, enfim!

O estudante explica que retomou o seu nome e deixou o apelido que seu pai havia lhe dado. Pode haver sinal mais evidente de que ele se tornou signatário da sua vida quando reencontrou o seu nome?

III. 2. Os aportes particulares das práticas de relatos coletivos.

Qualquer pessoa tem necessidade da presença do outro para compreender-se e fazer-se a si mesmo porque é em nossas relações que nos desenvolvemos. Numerosos trabalhos, especificamente os de Boris Cyrulnik (2000), documentam abundantemente esta afirmação que se verifica empiricamente em cada um dos nossos grupos. Na palavra do outro, não somente reencontra-se, mas também descobre-se a si mesmo. Esta descoberta refere-se à reanimação de partes de si negligenciadas ou esquecidas, como a afetividade, as feridas antigas, as penas, as decisões fundadoras. Em um relato coletivo, reconhece-se na humanidade do outro.

Para além deste relato renovado consigo, o relato coletivo é fonte de numerosas outras aquisições. Retemos aqui a dramatização das suas penas com a descoberta que não se é nunca o único a ter vivido situações difíceis. Sempre sou surpreendido pelo capital de liberação que traz a numerosas pessoas a constatação de que não foram os únicos a viver tal ou qual situação. O que é mais libertador ainda é a revelação dos segredos que aprisionaram a pessoa na vergonha. Em um relato coletivo, fazemos a experiência do universal, que se esconde no mais profundo de nossa máxima singularidade. A experiência completamente singular e única de uma pessoa do grupo toca a alma de todos. Os participantes sempre são surpreendidos ao experimentarem esta relação de solidariedade, enquanto que eles se imaginavam completamente sós e os únicos a terem vivido tal experiência difícil.

Sob o título *Sua vida, nossa história: o relato de vida coletivo, uma pedagogia do cuidado*, Lapointe *et. al.* (2007) descreveram as ações solidárias, formadoras e de cuidado relacionadas ao relato de vida coletivo. Os nossos grupos de relato de vida coletivo inscrevem-se no grande projeto das histórias de vida em formação. A função emancipatória é favorecida pela dimensão coletiva do relato, no qual o pequeno grupo é um microcosmo da sociedade maior. Formar-se neste contexto torna-se uma ação coletiva que interroga não somente as nossas trajetórias individuais, mas também as da sociedade e do mundo. A tomada de consciência das heranças nos contextos históricos e sociais das nossas existências é uma promessa para que cessem as transmissões indesejáveis. A formação ontológica e existencial dos participantes alarga-se num investimento reformador para a sua descendência, os seus parentes, e para a comunidade de pertencimento.

A ação solidária do relato de vida coletivo é o que aparece primeiro como uma evidência aos participantes. A tomada de palavra sobre a vida, longe de qualquer forma de sedução e auto-proclamação, é um ato de coragem que cria solidariedade e ligações vivas. "A palavra do outro traz a si. Ninguém se põe no mundo sozinho. Nascemos no seio de um encontro e graças a ele". (Lapointe *et al.*, 2007, p. 308).

A ação de cuidar-se do relato de vida é descrita fartamente por Marie-Christine Josso (2010) no que ela chama de encarregar-se do cuidado de si. No relato de vida coletivo, ao encarregar-se do cuidado de si, vive-se no presente a tomada da palavra a partir da sua vida e para a sua vida. Essencial a qualquer idade, esta tomada de palavra é particularmente preciosa e importante aos mais velhos. Para Boris Cyrulnik (2000, p. 101), impedir o relato de uma pessoa idosa, "é proibir a única ação que lhe resta, é impedi-lo de tomar o seu lugar, é excluí-lo, isolá-lo afetivamente e socialmente." A respeito da ação de cuidado, Lapointe *et al.* (2007, p. 317) afirmavam: "o relato de vida coletivo é tratamento quando toma em consideração simultaneamente a dimensão pessoal, social, profissional e espiritual das nossas existências e nos faz sair assim da fragmentação". Com as quatro linhas temáticas descritas acima (o comunitário, o familiar, o pessoal e o espiritual) o relato de vida coletivo toca nestas quatro dimensões.

Pode-se interrogar-se sobre o sentido da existência e a vida sem tocar nas quatro dimensões que acabam de ser nomeadas, aí incluída a dimensão espiritual? O caminho que os meus colegas e eu tentamos abrir em nosso ensino universitário neste programa é um caminho de unificação entre estas dimensões, de modo que se atenuem as contradições e as divisões em cada um. O lugar desta unificação se dá no interior de cada um. Quando unificamo-nos no interior, cessamos de nos deixar separar nas divisões externas de profissão, de vida social, de vida familiar e de todas as outras dimensões de nossa vida. Certamente, este trabalho de unificação exige uma procura, uma conquista e uma disciplina. A maior parte dos nossos estudantes reencontra um novo impulso para ocupar-se da sua vida nesta perspectiva de investigação de unificação. Ela se traduz no abandono de atividades até aqui valorizadas e na realização de um projeto existencial que introduz a novidade na compreensão de si e de sua relação com o mundo.

III.3. Saber e conhecer ou as narrações do ser

Saber e conhecer são duas grandes palavras que, em francês, vêm do latim "*sapere*" para saber e do indo-europeu via o latim para conhecer. "*Sapere*" significa "provar". Etimologicamente, conhecer significa "nascer com". Em conhecer, há uma conotação de conhecimento íntimo que implica o ser. O termo ser é empregado aqui no seu sentido metafísico para nomear a natureza profunda de tudo o que existe e também no seu sentido de verbo de estado. O ser nomeia então a natureza participativa da nossa existência ao que é, pela consciência. O filósofo do ser, Louis Lavelle (1993), chega mesmo a dizer que "a nossa consciência é o nosso ser mesmo":

> A consciência é uma pequena chama invisível e que tremula. Pensamos frequentemente que o seu papel é iluminar-nos, mas que nosso "ser" está noutro lugar. E, no entanto, é esta claridade que é "nós mesmos". Quando diminui, é a nossa existência que dobra; quando se apaga, é a nossa existência que cessa. (p. 1)

O termo "ser" é tão frequentemente empregado na literatura espiritual, na qual o aprender está associado ao encontro com o ser. Em *Para uma vida com êxito, um amor bem sucedido*, Arnaud Desjardins, este mestre espiritual contemporâneo, lamenta como os humanos não aprendem nada de sua vida. Eles não sabem mais aos sessenta anos do que aos vinte anos sobre o essencial como, por exemplo, o amor e as relações amorosas, diz ele: "À força de ler livros e obter diplomas, você pode adquirir um imenso saber, mas o Conhecimento no verdadeiro sentido da palavra é uma função do ser. Conhece-se uma coisa porque ela está encarnada no sujeito, porque ela está no sangue." (p. 58).

Aprender com sua existência, deixar-se formar do lugar do ser, é uma finalidade que se inscreve bem no grande projeto da corrente das histórias de vida em formação, quando a formação é compreendida como a procura de uma forma em que o ser pode dar-se.

No relato coletivo, a quarta linha introduzida na nossa repartição do individual e do social, a linha da interioridade, dá acesso às lembranças das experiências vividas que foram manifestações de ser em nossas vidas. Estas experiências tomam ocasionalmente a forma das descritas por Maslow, o grande psicólogo americano fundador do movimento do potencial humano, que participou da criação de uma nova corrente em psicologia, ainda vivaz, sob o título de psicologia humanista. Maslow (1972) propõe uma psicologia científica que parte do positivo no humano e de seu potencial antes que dos seus limites. É assim que introduz os conceitos de conhecimento "E" para falar do conhecimento do Ser e do Ser no outro e aquele do conhecimento "D" que é fundado sobre um déficit. Em *Para uma psicologia do Ser*, todo um capítulo é consagrado à "dar uma descrição simples e geral de experiência cognitiva realizada no amor do outro, na experiência parental, na experiência mística e cósmica, na percepção estética, na vida criadora, na investigação intelectual, na prática terapêutica, na experiência orgasmica, em certas formas de plenitude física" (p. 83).

Em nossa prática de histórias de vida como no relato coletivo, nós partilhamos estas experiências que testemunham os encontros com o Ser. É o eco de si e, às vezes, a experiência em tempo real de nossos laços com ele. O conhecimento de si abre, com efeito, sobre o conhecimento do Si, este centro da personalidade assim nomeado por Jung. "Este centro da personalidade, Jung (...) examina-o dizendo que intelectualmente ele deve ser considerado ao mesmo tempo como um conceito psicológico e uma construção desconhecida, um dado que nos ultrapassa." (Marie-Madeleine Davy, 1976, p. 95).

Para Marie-Madeleine Davy, "o conhecimento de si resulta de uma interrogação. O homem que quer responder ao seu destino deve constantemente interrogar-se sobre si mesmo, interrogar-se sobre o que é, de onde vem, para onde vai. Não existe resposta que possa satisfazê-lo, é por isso que, em todas as épocas da sua vida, ele se põe de novo o problema da sua origem, do seu destino, da medida de homem". (p. 15) Os nossos percursos em história de vida permitem-nos encontrar estas interrogações e angústias metafísicas. As respostas vivazes para a nossa vida de hoje, se elas existem, vêm, contudo, de um outro lugar que o da memória dos nossos percursos e dos nossos conhecimentos. Elas vêm do que se poderia chamar o lugar do sentido em nós. Este lugar é acessível pelo corpo vivido. Aquele que transcende no presente a história do corpo biográfico. Já o termo "sentido" é portador deste acesso pela sua referência concreta aos cinco sentidos que Jean Grondim (2003, p. 32) chama de sentido sensitivo da vida. "O sentido da vida, é também (...) um certo sentido sensitivo, odor, um nariz para a vida. O sentido designa aqui uma capacidade de sentir e mesmo de gozar da vida (...)". Esse não é um horizonte que estimula a conjunção entre história de vida e procura de sentidos?

Os poetas sabem com suas palavras despertar o nosso sentido sensitivo. Ao final, eis o poema de um poeta brasileiro que conjuga o amor com destino, procura e sede infinita. Esses são os últimos versos de um poema sobre o amor de Carlos Drummond de Andrade:

Este o nosso destino: amor sem conta,
distribuído pelas coisas pérfidas ou nulas,
doação ilimitada a uma completa ingratidão,
e na concha vazia do amor a procura medrosa,
paciente, de mais e mais amor.

Amar a nossa falta mesma de amor, e na secura nossa
amar a água implícita, e o beijo tácito, e a sede infinita.[6]

6. Últimos versos da poesia *Amar*, do livro *Claro Enigma*, de 1951. (Drummond, *Reunião*, 1977, p. 174)

Referências bibliográficas

ANDRADE, Carlos Drummond de. *Reunião.* Rio de Janeiro: Livraria José Olympio Editora, 1977.

BRIDGES, William. *Transitions de vie. Comment s'adapter aux tournants de notre existence.* Paris: InterEditions Dunod, 2006.

CYRULNIK, Boris. *Les nourritures affectives.* Paris: Odile Jacob, 2000.

DAVY, Marie-Madeleine. *La connaissance de soi.* Paris: PUF, 1976.

DESJARDINS, Arnaud. *Pour une vie réussie, un amour réussi.* Paris: la Table Ronde, 1985.

DESMARAIS, Danielle, PILON, Jean-Marc. *Pratiques des histoires de vie: au carrefour de la formation, de la recherche et de l'intervention.* Montréal, Paris: l'Harmattan, 1988.

GRONDIN, Jean. *Du sens de la vie.* Montréal: Bellarmin, 2005.

JOSSO, Marie-Christine. *Cheminer vers soi.* Lausanne: l'Age d'homme, 2001.

JOSSO, Marie-Christine. *Les narrations du corps dans les récits de vie en lien avec les niveaux de profondeur du prendre soin de soi.* São Paulo: CIPA IV, 2010.

LAPOINTE, Serge, RUGIRA, Jeanne-Marie, PILON, Denise, GAUTHIER, Jean-Philippe. Sa vie, notre histoire: le récit de vie collectif, une pédagogie soignante. *In.* MERCIER, Lucie, RHÉAUME, Jacques (sous la direction de) *Récits de vie et sociologie clinique.* Québec: les Presses de l'Université Laval, 2007.

LAVELLE, Louis. *La conscience de soi.* Courtry, France: Christian de Bartillat, éditeur, 1993.

LÉGER, Diane *et al.* La pratique des histoires de vie en formation dans les programmes de 2e cycle en psychosociologie à l'UQAR: une étude de pratiques en voie de transformation. *In* DESMARAIS *et al.*,(sous la direction de) *Le sujet dans la modernité avancée et les enjeux d'avenir pour la pratique des histoires de vie.* Montréal: PUQ. (em preparação)

MASLOW, Abraham H. *Vers une psychologie de l'Être.* Paris: Fayard., 1972.

MONBOURQUETTE, Jean. *À chacun sa mission.* Ottawa: Novalis, 2008.

PILON, Jean-Marc (1998). L'intégration des histoires de vie dans une démarche de recherche-action à l'université: le certificat en pratiques psychosociales de l'université du Québec à Rimouski in DESMARAIS, Danielle, PILON, Jean-Marc, *Pratiques des histoires de vie: au carrefour de la formation, de la recherche et de l'intervention*. Montréal, Paris: l'Harmattan, 1998, p. 43-71.

PINEAU, Gaston. *Les histoires de vie en formation: genèse d'un courant de recherche-action-formation existentielle,* 2005. Na internet: www.scielo.br/pdf/ep/v3

SINGER, Christiane. *Les âges de la vie*. Paris: Albin Michel, 1990.

Narrar a vida: aprendizagens e cuidados

AS NARRAÇÕES DO CORPO NOS RELATOS DE VIDA E SUAS ARTICULAÇÕES COM OS VÁRIOS NÍVEIS DE PROFUNDIDADE DO CUIDADO DE SI[1]

Marie-Cristine Josso

Inteligência não é fabricar uma pequena invenção original. Inteligência é escutar a vida e tornar-se sua confidente (...). A vida é apenas a trama de uma meditação da qual ela desfaz dia após dia as dobras para revelar o desenho radiante (...)

Christian Bobin[2]

O lugar do corpo nas potencialidades transformadoras dos relatos centrados sobre a formação experiencial ao longo da vida

Os relatos de formação e o trabalho intersubjetivo[3] efetuado para analisá-los e interpretá-los dão acesso, entre outras coisas, a um conhecimento de si *fonte da invenção possível de seu futuro, entretanto, os efeitos transformadores desse trabalho permanecem aleatórios porque subordinados, em última instância, ao pensamento reflexivo, a seus axiomas estruturantes e constitutivos de nossa cosmogonia*[4]. Ora,

1. Tradução de Profª Dra. Denice Barbara Catani.
2. Bobin, C (2007). *La Dame Blanche,* Miss Emily Dickinson, coll. L'Un et L'Autre, Gallimard, NRF.
3. Para minha medotodologia de pesquisa farei referencias ao meu livro *Experiências de vida e formação,* Coleção Os clássicos da (auto) biografia, Paulus / EDIFURN, 2010.
4. As frases em itálico designam as idéias maiores. A cosmogonia significa uma visão do Universo, da vida terrestre e da vida humana herdada de sua cultura de origem que permitem aceitar ou não as mudanças em profundidade em nossas relações com nós mesmos, nosso ambiente humano e natural (ver: http://fr.wikipedia.org/wiki/cosmogonie).

sabemos desde há muito mediante a história das religiões[5], por exemplo, na epistemologia vista por Gaston Bachelard[6] que uma mudança de paradigma está longe de passar exclusivamente pelas escolhas voluntárias, decisões lógicas ou processos reflexivos. Toda mudança real de paradigma exige modificações profundas no modo de vida e, na maior parte do tempo, como se verá mais adiante, acompanha-se de um trabalho que integra o corpo, um trabalho específico que sustenta e constrói essa metanóia.

As fontes da reflexão apresentadas aqui constituem-se de relatos de pessoas com as quais tenho desenvolvido uma pesquisa biográfica voltada[7] para as *experiências formadoras e fundadoras* que tem marcado seus processos de formação e de conhecimento. São pessoas que pertencem à categoria de adultos mais ou menos jovens[8] que acreditam na idéia de desenvolvimento pessoal e profissional e, consequentemente, na idéia de aprendizagens transformadoras de sua existência. Se não fosse esse o caso as pessoas não teriam vindo seguir meus seminários "Histórias de vida e formação", na Universidade de Genebra (esse seminário sempre fez parte dos cursos optativos) ou aquele que ofereci, fora da Universidade, durante vinte anos, em formações profissionais contínuas no âmbito de atividades de instituições da área da saúde, do trabalho social, da educação escolar ou profissional e da formação contínua em empresa.

---

5. Ver a obra de Mircea Eliade, referência incontornável sobre essas questões. Para sua bibliografia e biografia consultar: http:// wikipedia.org/wiki/Mircea Eliade
6. Gaston Bachelard, 2000, *La formation de l'esprit scientifique*, Ed. VRIN, Paris. Consultar seu site para o conjunto de sua obra epistemológica. http://www.gastonbachelard.org.
7. Evoco aqui os quase trinta anos de pesquisa-formação sistemática e protocolada, de 1980 até hoje efetuadas em diferentes países, com diferentes populações, em diferentes contextos profissionais e institucionais com um procedimento essencialmente intelectual, se bem que eu tenha desenvolvido pela pintura, fotografia e objetos de outros tipos abordagens biográficas (o corpus de relatos escritos é próximo de 500, mas nem todos são relatos de vida).
8. Observe-se que nossa Faculdade acolhe tanto jovens que saem da escola secundária quanto profissionais que voltam aos estudos, as idades representadas em cada grupos biográficos se situam entre vinte e cinquenta anos.

Para essas pessoas, a formação *deve*, por definição, trazer novidade e mudança para tentar encontrar respostas para novidades enfrentadas nos locais de trabalho ou por necessidade de reafirmação pessoal e profissional (novas idéias, novas abordagens, novas compreensões). Mas, frequentemente essas pessoas ignoram que as novas aprendizagens exigirão "desaprendizagens" (isto é, o abandono de hábitos mais ou menos antigos com relação aos quais deverão tomar consciência de que são freios a impedir que sigam adiante e se tornem disponíveis para sua criatividade). Mesmo se a pessoa em formação deseja a mudança, isto não evita o surgimento de resistências de todos os tipos: desde os questionamentos polêmicos do ensino dos professores até o abandono de um curso que ameaça demais uma visão de si ou de nosso meio ambiente humano e natural, até um nível ainda mais profundo, de suas crenças, de sua visão de mundo ou de sua cosmogonia.

Assim, nós pudemos evidenciar a partir dos relatos uma forte tendência à conformidade e um considerável esforço usado para sair de suas predisposições sócio-culturais em seus aspectos psíquicos e corporais, esforço teoricamente consentido quando as pessoas se tornam conscientes dessa *programação sócio-histórica* e desejam liberar-se dela, mas nem sempre são conscientes da perseverança que isso exigirá delas nesse período.

A pesquisa autobiográfica na situação de intersubjetividade permite, assim, uma escuta e além disso, uma exploração das emergências interiores (sob a forma de desejos, anseios, projetos) que revelam uma busca ativa de realização do ser humano em suas potencialidades insuspeitas ou inesperadas. Essas descobertas pressupõem uma visão do humano (um dos sustentáculos de nossa cosmogonia) que autoriza a imaginar e a acreditar[9] na possibilidade de poder, querer e ter

9. Bernard Honoré é, sem dúvida, um dos autores da formação do qual eu me sinto mais próxima desde a minha tese de doutorado em 1988, na qual ele foi um dos autores de referência. Nesse texto, sugiro a leitura de sua obra *Vers l'oeuvre de formation: l'ouverture à l'existence*, primeira edição em 2000, L'Harmattan, Paris. Ele é, igualmente, um dos autores que desenvolvem uma perspectiva do cuidado de si e do outro integrando a aprendizagem à consideração da globalidade da pessoa.

que desenvolver ou adquirir o saber-fazer, saber-sentir, saber-pensar, saber-escutar, saber-nomear, saber-imaginar, saber-avaliar, saber-perseverar, saber-amar, saber-projetar, saber-desejar, saber-estar em relação com um eu-encarnado etc., que são *necessários às mudanças, à acolhida do desconhecido que vem ao nosso encontro assim que deixamos o caminho de vida programado por nossa história familiar, social e cultural.*

Essa exploração das aprendizagens formadoras e fundadoras mediante a produção da história das experiências significativas de uma vida, permite fazer um "levantamento" relativo aos recursos a desenvolver e/ou a adquirir no caminho a seguir para a descoberta das potencialidades de uma ampliação da consciência que integra todas as dimensões de nosso ser-no-mundo[10]. A essência do trabalho biográfico sobre esses relatos de vida em co-interpretação com seu autor evidencia, sob a forma de uma peregrinação "vital", a pesquisa de um saber-viver com sabedoria que se desenvolve, como se pode ver, no esquema em anexo, em torno de cinco eixos principais. E para a perspectiva que nos interessa, nesse texto, um desses eixos é essencialmente centrado sobre *a busca de potencialidades da consciência pelas vias corporais que enriquecem o sentido das nossas vidas e os conhecimentos que nós temos da vida.*

A leitura desse esquema permite descobrir que cada um dos eixos participa, à sua maneira, de uma interrogação mais essencial que gravita em torno da possibilidade de encontrar seu "justo" lugar numa comunidade de vida, de definir orientações de vida que satisfaçam *um sentimento de integridade e de autenticidade*, de evidenciar a formação dos sentimentos e dos valores que dão sua palheta de cores à nossa definição do "conforto de viver" e, finalmente, *uma busca de um saber-viver seu corpo como ponto de apoio, fundamento*

---

10. Ver M.Christine Josso *Experiências de vida e formação* (cit). Em particular o capitulo 2 que apresenta um conjunto de esquemas construídos com base nas análises dos relatos de formação.

e recurso de um processo de transformação do ser encarnado, mais ou menos aprofundado[11].

As formas de presença do corpo nos relatos: o corpo biograficamente falado

O corpo, tal como é evocado nos relatos de formação, ocupa um lugar maior sob diferentes aspectos, mesmo se os autores dos relatos não estão prontamente conscientes disso ou não o identificam como tal. A evidências do "se não há corpo não há vida" faz, frequentemente, um ponto cego da consciência de seu lugar *central* em nossa existencialidade.

O corpo está, evidentemente, bem presente em tudo o que faz, sente e escreve o autor do relato, mas a experiência que o corpo tem no curso de suas atividades é, com frequência, silenciada salvo nas situações em que o corpo "falha", como no caso da doença, das limitações de nascença ou devidas a um acidente, nos medos, temores, ansiedades e angústias. Pode-se fazer essa constatação desde a primeira leitura dos relatos. Num segundo momento, *o corpo aparece como um personagem central com o qual foi preciso fazer sua rota descobrindo-o corpo pouco a pouco como um ator que entra em cena segundo sua própria lógica, nem sempre como um companheiro fácil, mesmo se os prazeres dos sentidos são sempre valorizados.* Será interessante precisar e caracterizar as diferentes modalidades de relação com seu corpo como aquelas do cuidar de si ao longo da vida, dos acontecimentos formadores e fundadores, na medida da apresentação das temáticas de vivências corporais. Isto porque *essa relação com o corpo*, parte integrante da concepção do humano e da visão da vida, condiciona os caminhos empreendidos nas diferentes buscas que orientaram e orientam as escolhas e os projetos de vida. Os mo-

11. Grégory Bateson descreve bem os níveis de amplitude das aprendizagens possíveis conhecidas atualmente: Bateson, G. (1980). *Vers une écologie de l'esprit*, vol II, Senil.

dos de cuidar de si serão os indicadores dessa relação e das consequências que daí decorrem para a natureza da relação com a vida em geral e com a sua própria vida.

Do nascimento à puberdade, o corpo está presente em todas as circunstâncias que acompanham seu crescimento fisiológico e suas relações com o outro. Encontram-se nos relatos micro-narrações ou micro-lembranças sobre o modo pelo qual o autor esteve em relação física com seu meio ambiente humano e natural: tocado, enjaulado, vestido, cuidado, nutrido, às vezes maltratado e/ou abusado, mais ou menos batalhador nas famílias ou na escola, mais ou menos próximo de suas sensações internas e/ou externas, mais ou menos submetido às exigências de propriedade e de manutenção do corpo, encorajado ou não por práticas esportivas, mais ou menos destro, mais ou menos sensível às asperezas do mundo material, mais ou menos perturbado pela emergência dos atributos da dimensão sexual da existência, etc. (as questões de saúde serão tratadas à parte). *É, sem dúvida o período no qual o corpo está mais ou menos explicitamente presente no cotidiano da vida:* os prazeres das refeições especialmente preparadas para as festas, os bolos de aniversários, os presentes dos avós ou as rejeições alimentares mais ou menos bem aceitas pela família, o prazer da primeira bicicleta ou dos patins de rodinhas, as primeiras esquiadas e as primeiras experiências com a neve, os primeiros patins de neve, as brincadeiras na rua, nos jardins, na floresta, ao longo do tempo na escola (escalar, subir, saltar, correr, cair, chorar, rir, ter medo, gozar dos colegas, ser chamado a ficar quieto pelo professor, etc.).

Os relatos evocam prazeres encontrados nos esportes como a natação, o futebol, o tênis, as diversas ginásticas. As aulas de música ou de canto com suas imposições corporais mais ou menos bem suportadas. As férias à beira-mar, na montanha e/ou no campo são também momentos extremamente marcantes para o resto da vida. Certamente, as primeiras doenças da infância são experiências difíceis (varicela, rubéola, caxumba, etc.) como também os primeiros acidentes e tombos. Algumas exceções feitas por pessoas com deficiências desde a infância, desde o nascimento, relatam suas experiências em termos do que lhes faltou em comparação com outras crianças e jovens, mas muito pouco dizem das aprendizagens específicas feitas "graças" à sua deficiência.

É o tempo das primeiras aprendizagens do cuidado de si: estar atento para evitar acidentes, aprender a higiene pessoal (controle dos esfíncteres, fazer a toalete no dia a dia, escovar os dentes, lavar os cabelos) aceitar ser cuidado quando se tem um ferimento ou uma doença, seja pelos pais ou por profissionais em consultórios ou em hospitais.

Os adultos guardam uma memória muito viva e uma espécie de nostalgia desta vida aberta para o desconhecido onde os sentidos estão em primeiro plano, mas uma vida que também se acompanha de maiores ou menores alegrias. Idade da vida na qual sua presença no mundo era, frequentemente, feita de admirações, surpresas, dramas ou pesadelos, uma vez que nada era vivido com indiferença. *Eles formavam um com seu corpo, eram esse corpo sem ter consciência do que eram e, menos ainda, pensando no corpo.* Este é o corpo das sensações, das emoções, das ações exploratórias, das aprendizagens físicas de toda espécie e das aprendizagens escolares de base. *É o nível zero de relação com o corpo, zero porque não consciente, tudo sendo plenamente corpo. É também o nível zero do cuidar de si quase totalmente delegado* aos adultos responsáveis pela sobrevivência, conforto e bem estar da criança. Essa solicitude fica, aliás, na memória do adulto que exprime mais ou menos seu reconhecimento com relação a esses adultos protetores.

O período da puberdade é evocado nos relatos de diversas maneiras. De fato, alguns contam as primeiras emoções físicas e os marcadores de sua sexualidade, com as circunstâncias de sua autonomização da família e a criação progressiva de um universo para si enquanto outros passarão em silêncio por esta etapa e só falarão das mudanças em sua vida cotidiana com a conquista de maior autonomia. O cuidado de si para as meninas, na puberdade, torna-se uma preocupação séria, se se quer evitar a gravidez precoce. A aprendizagem é feita tanto em conversas com os pais quanto com os amigos, as duas fontes se completam. A aprendizagem da vida sexual é feita pelas experiências diretas, mas também, com frequência, mediante os filmes. Os meninos são mais reservados sobre suas aprendizagens e mesmo as gerações da época da AIDS não abordam a questão da responsabilidade do "sexo protegido". Ao longo dessa transição da vida para uma juventude adulta é o corpo erótico, erotizando-se, seduzindo, provocando, enfeitando-se com maquiagem, penteados e roupas originais. É o corpo que se olha nos espelhos e nos olhares dos outros. *É uma relação renovada com seu corpo por uma consciência muito aguda de ter um corpo que pode ser objeto de desejo para os outros, de ter um corpo em representação permanente dependendo de uma imagem de si, frequentemente, muito exigente.* Uma relação com seu corpo dependente da moda, um cuidar de si muito marcado pelos comentários de outros e a tomada de consciência de que as formas desse corpo nem sempre estão à altura do que se desejaria. *O cuidar de si está também centrado sobre a estética da aparência, sobre a pesquisa do seu estilo e sobre a exploração de sentimentos e emoções vinculados ao gênero e sexualidade tais como são vividos* (Nível 1).

Depois da puberdade, esse corpo, sujeito e objeto de desejos sensuais variados será lembrado de forma breve e pudica até o advento da maternidade ou da paternidade. A maternidade é sempre lembrada como um tempo mágico no qual o corpo assume uma nova dimensão e produz-se uma nova consciência de si – corpo. Se o corpo é sentido como "vivo", isso não é somente porque ele "contém ou abriga" um ser em gestação, mas também porque ele participa da gestação desse outro ser, tanto no que diz respeito ao que não deve fazer quanto ao que é encorajado a fazer, para que a gravidez se passe nas melhores condições. Para a mulher grávida o corpo adquire uma interioridade particular, para além dos batimentos do coração ou dos processos mais ou menos agradáveis ligados ao sistema digestivo. Essa interioridade viva, móvel, comovente, permite uma nova relação com seu corpo, tanto que algumas mulheres dizem lamentar quando o parto põe fim a isso. *É um corpo plenamente ator de sua vida* e capaz de engendrar a vida com um companheiro, de início. Um corpo consciente de si e cuidando de si para o outro que tem dentro de si... *Uma relação com seu corpo de fora, seu corpo de dentro e um corpo dentro que é uma parte de si. Esse nível do cuidado de si ganha profundidade e significações porque se trata de criar e preservar o que vive, o que é corpo de si, o que vive em si por uma presença de si para si.* Os homens falam pouco de sua paternidade e só dizem da forte emoção com o nascimento de seu filhos e referem-se ao dever de "couvade" com relação à companheira durante a gravidez. Mas esse acontecimento não parece mudar sua relação com o corpo nem sua forma de cuidar de si.

Na maioria dos relatos de pais, o corpo de sua criança é vivido como uma "extensão", um prolongamento de seu próprio corpo e esse parto permite a emergência de uma genealogia biológica até então quase ausente que dá ao corpo uma historicidade transgeracional. Esse aspecto da maternidade e da paternidade traz *uma dimensão nova na relação com o corpo: este é portador de uma história biológica que vem de longe através de gerações e o vincula à história da humanidade.* Uma ressonância profunda que será retomada ou não numa busca do sentido da vida e de sua vida, mas que é, a partir desse momento, "inscrita" na memória. *Uma relação com o corpo que ganha profundidade no tempo histórico do agora e que, por vezes, facilita a compreensão da singularidade plural*[12]*, uma vez que, mesmo geneticamente falando, nós somos seres únicos a partir de invariantes.*

Ao longo da idade adulta, o corpo continua, muito frequentemente, a estar presente nos relatos, mediante a referência a atividades esportivas mais ou menos regulares (corrida, esqui, tênis, voleibol, futebol, etc.), oficinas de danças, pertencimento a um coral ou frequência a um curso de canto, práticas de artes marciais, práticas de um instrumento musical ou ainda a prática de uma arte visual (pintura, escultura, fotos, etc.).

12. O singular contido em cada relato inscreve-se no coletivo-plural (isto é, as comunidades de pertencimento do autor do relato e a história dessas comunidades).

O corpo é também narrado, em variações culturais que surpreendem, encantam ou fascinam. Por exemplo, em muitos relatos encontramos todo um matiz de emoções sensuais diversas ampliadas pela diversidade de espaços naturais e humanos (as viagens, as estadias ou os filmes no estrangeiro permitem descobertas de novos climas, de novas culinárias, de novas paisagens, de novas maneiras de viajar, etc.), assim como variações estéticas que, por vezes, se adota (as viagens, as permanências no exterior ou ainda os filmes que fazem descobrir maneiras de colocar o corpo em cena: roupas, maquiagens, penteados, tatuagens, etc.). Nas dimensões que acabamos de evocar a relação com o corpo é caracterizada tanto pelo prazer que permite experimentar e a preocupação com uma higiene de vida quanto pelo prazer de descobrir, pela exploração, as potencialidades que atraem num certo tempo. Aqui, o cuidar de si está em relação com a necessidade de alegria de seu próprio corpo e mediante seus sentidos de usufruir das belezas do mundo e das atividades artísticas.

Entretanto, a beleza pode ser uma via de passagem para um caminho mais aberto e em articulação com o transpessoal. François Cheng[13] desenvolve com virtuosidade a tese da Beleza como uma nas entradas da dimensão da espiritualidade, ou em outras palavras, entrada para tudo o que conduz os seres humanos para além do seu torpor ou de sua indiferença, mesquinharias ou dramas de sua vida em direção ao desafio de ser vivo.

Esta perspectiva é particularmente desenvolvida na quarta meditação quando se avança a idéia segundo a qual "... essa beleza, enquanto valor absoluto, não é simplesmente um astro inacessível suspenso num céu ideal. Ela está ao alcance do humano, mas se situa bem além de qualquer estado de deleite ou de bons sentimentos. Ela comporta a assunção da dor do mundo, a extrema exigência de dignidade, de compaixão e de senso de justiça, assim com uma total abertura para a ressonância universal" (p. 91-92).

13. François Cheng, 2006, *Cinq méditations sur la Beauté,* Albin Michel, Paris.

O lugar do corpo nas buscas de um saber-viver em sabedoria: do cuidar do corpo ao cuidar de seu ser essencial

A arte de viver consiste em manter intacto o sentimento da vida e jamais desertar do ponto de admiração e de sideração que só a alma permite ver

Christian Bobin[14]

A maior parte dos relatos coloca o corpo como sujeito central do prazer e da dor. Eles evocam a importância de ter cuidado com a Saúde mediante as escolhas de vida (profissional e pessoal) e com os lugares de viver que ofereçam conforto, bem-estar e segurança do ponto de vista do respeito aos seus valores. Alguns contam as dificuldades encontradas em suas profissões, depois de alguns anos de trabalho, em situações de limitações físicas tais como o cansaço devido à monotonia da repetição, a fadiga e sobretudo o estresse que, para alguns desemboca num "bornout" (termo médico que significa um esgotamento físico e psíquico total) clinicamente diagnosticado ou não.

Além disso, os relatos falam da confrontação mais cedo ou mais tarde, na vida, com a morte de alguém próximo. Esta confrontação com a morte está ligada nos relatos, frequentemente, com o engajamento da pessoa numa busca de sentido que revista uma herança religiosa ou se aventura em explorações religiosas ou espirituais para construir ou reconstruir um sentido para a morte e logo, para a vida. É assim que, nos percursos de vida relatados, a saúde e a morte ocupam um lugar de importância como experiências formadoras e fundadoras de um engajamento em maior profundidade na vida e nos desafios que cada um encontra ou se põe na vida. Então, são

14. Extraído de *Les Ruines du ciel*, Gallimard, Paris, 2009.

esses dois temas da saúde e da morte que nos permitirão, agora, aprofundar nossas observações sobre *relação com o corpo e o cuidado de si.*

Quatro tipos de acontecimentos engendram uma interpelação interior sobre o sentido da vida e da morte incitando as pessoas a se engajarem numa pesquisa do saber-viver com sabedoria partindo em busca de compreensões e conhecimentos até então deixados de lado ou olhados só de passagem: a morte de alguém próximo, a doença, o acidente ou mal-estar engendrado por um excesso de estresse e uma grande insegurança econômica como na situação de desemprego. Quer esses acontecimentos os toquem diretamente ou toquem um dos seus próximos:

A morte de um próximo é, certamente, um dos acontecimentos que mais nos interpelam em nossas vidas. Os relatos evocam a morte como uma perda absoluta que transforma mais ou menos fortemente a vida cotidiana e que demanda longos meses e até mesmo anos para ser completamente integrada. É a ausência corporal que mais marca a psique fazendo sentir como um oco ou um vazio, uma presença carnal até então vivida como "natural" ou "evidente". O que acontecerá com este ser? O que vou fazer com o lugar dessa ausência? O que esta morte me permite compreender para integrar à minha vida a presença da minha própria finitude? Ainda que se leve em conta que morte é vivida diferentemente segundo aconteça acidentalmente ou ao fim de uma longa doença, ainda mais se invalidante. Mas, nos dois casos, a angústia e o desespero são frequentemente, os sentimentos evocados. Como viver a partir desse ponto de não-retorno? A partir dessas questões, para alguns, começa uma peregrinação que revisita a educação religiosa recebida e/ou explora outras abordagens espirituais. A proximidade da morte pode, também, engendrar uma tomada de consciência corporal que se traduz por sintomas físicos peculiares a cada um, mas que são todos marcadores da passagem da idéia de que somos mortais ao *sentimento* dessa mortalidade. Aliás, é interessante notar que na tradição judaica: há uma jornada de orações da qual só podem participar pessoas que tenham perdido um dos seus pais.

Uma doença que torna o autor inválido, ou torna inválido algum próximo, que pode ter um diagnóstico ou um prognóstico mais ou menos grave que vai comprometer toda a vida no cotidiano, por um tempo mais ou menos longo é também um acontecimento fundador de uma outra relação com o próprio corpo e o começo da busca de um cuidar de si diferente. Nós sabemos até que ponto essas doenças que tornam a pessoa inválida porque afetam muito profundamente sua psique, tanto quanto a morte de um próximo, provocam uma necessidade "vital" de partir em busca de novos conhecimentos, de práticas novas e de recursos para enfrentar a doença e suas consequências.

A experiência do corpo subitamente incapaz, seja momentânea ou definitivamente, portador ou não de estigmas aparentes gera uma tomada de consciência e de *compreensão a posteriori da unidade do ser somatopsíquico com todos os seus atributos*[15]*. É, com frequência, o começo, mais ou menos cedo na vida, da busca de um modo de vida mais equilibrado no qual o lugar do corpo na busca do sentido da vida torna-se maior ou menos central.*

De fato, a questão de saber "o que é estar com saúde" e "quais os meios que temos à nossa disposição para reencontrar uma boa saúde ou para mantê-la?" emergem com mais frequência quando o "eu corporal" é percebido em toda a sua fragilidade, mas também em sua capacidade evolutiva e de auto-cura (ex: a cicatrização, o repouso, os exercícios, a estimulação de anticorpos, etc, só para dar exemplos simples).

A relação com o corpo torna-se mais nuançada. O corpo é, por vezes, o companheiro com quem se pode contar e aquele que, às vezes, pode nos fazer falta. Contamos sempre com nosso corpo e se ele nos trai, é nosso ser essencial que se encontra profundamente afetado, abalado com a tomada de consciência fundamental de sua própria mortalidade, tomada de consciência que, infelizmente, não é regulada

---

15. Ver o esquema sobre as dimensões de nosso ser-no-mundo em *Experiência de vida e formação* (cit.).

de uma vez por todas na vida. É esta a razão pela qual a doença ocasional, e mais ainda uma doença de longa duração, provoca quase sempre, não somente uma baixa do tônus vital, mas também uma baixa da moral que pode chegar até uma depressão. Assim, as ameaças que pesam sobre a nossa saúde, tanto quanto a inquietude da perda de um próximo ou a dificuldade de vê-lo sofrer sem poder aliviar suas dores ou ajudá-lo no estado de crise que pode engendrar uma doença grave ou muito invalidante são também estímulos para a busca de respostas para nossa impotência: há recursos que ignoramos e que podem, senão resolver nossas dificuldades, pelo menos nos ajudar a viver?

No caso de um acidente que trava a mobilidade da pessoa, de forma mais ou menos duradoura e que altera sua autonomia ou que concerne a um dos seus próximos, *a tomada de consciência da fragilidade da vida* configura-se como razão articuladora nos relatos: "eu não teria imaginado, jamais, que isso pudesse me acontecer", "tomei consciência de que minha vida estava por um fio", "não me dava conta de tudo aquilo que eu era capaz de fazer no cotidiano e não pude fazer mais" etc.

O mal estar engendrado por um excesso de estresse ou por uma grande insegurança econômica como uma situação de desemprego, engendra *um sentimento de vulnerabilidade tanto física quanto psíquica.* Como sair disso? O que posso fazer para vencer minhas dificuldades? Como achar os recursos pessoais que me faltam para fazer face a minha situação? Posso contar com a solidariedade dos meus próximos? Como aceitar essa minha própria fragilidade sem me envergonhar? Como aliviar minha situação com lucidez de modo a não me sentir nem uma vítima, nem um incapaz?

Todos esses casos figurados que se encontram nos relatos provocaram uma iniciativa dos autores que partiram em busca de soluções mediante procedimentos que tem, todos, uma dimensão corporal, de saída, mesmo que seja na dimensão terapêutica do cuidado de si-corpo. Quer se trate da medicina ocidental tradicional ou de medicinas alternativas ou ainda de medicinas ditas "doces" pela farmacopéia que elas propõem. Tratar o medo, a ansiedade, a angústia, a insônia ou a depressão pode ser bem feito de várias maneiras. A primeira consiste em ir consultar um médico alopata ou não que vá, além da escuta da queixa dar um medicamento para fazer desaparecer o sintoma ou a dor. Trata-se aqui de delegar o cuidado de si a um outro que vai fazer o diagnóstico e propor paliativos para os sintomas ou terapias farmacêuticas disponíveis no mercado. Tanto quanto se leva seu carro ao mecânico e se pede que ele cuide, da mesma maneira leva-se o corpo ao terapeuta e pede-se que se cuide dele. É o primeiro reflexo que, aliás, não deve ser questionado. Uma urgência constitui uma situação delicada e seu tratamento obriga a colocar-se numa situação de dependência para encontrar uma resposta rápida que possa evitar uma piora da situação.

Além dessa resposta primeira, de cuidar da vida, em outras palavras na dimensão curativa do cuidar de si, os caminhos dos autores que aqui assumem a busca de um saber-viver com saúde não se espalhar por diferentes abordagens que os levarão mais ou menos longe numa transformação do cuidar de si.

Há pessoas que buscam, antes de tudo, práticas corporais que vão lhe permitir manter-se com saúde, o que chamo da dimensão preventiva primária. Para além dos cuidados de base (higiene do corpo, alimentação, limpeza do seu ambiente, aplicação de princípios de proteção em caso de epidemia), os cuidados de manutenção estendem-se a práticas esportivas regulares, tempos de lazer, uma afetiva e uma vida relacionais solidas. Ter um corpo do qual se cuida porque nossa cultura e nossa educação nos transmitiram um certo número de princípios que nos previne contra as ameaças à nossa saúde física e psíquica. *Nesses casos, estamos diante de uma concepção de um si que tem um corpo com necessidades e fragilidades que convém levar em conta na organização de sua vida cotidiana com práticas que asseguram tanto um bem-estar quanto prazer para o corpo* (Nível 2).

Há outros autores de relatos que dão um passo complementar na relação com seu corpo nesse sentido e contam como procuram se informar sobre a manutenção de um equilíbrio entre corpo e espírito até encontrar uma prática que lhes conviesse, como por exemplo a ioga, o tai-chi, o método Mézières ou o método Feldenkrais, a sofrologia[16], o treinamento autógeno[17], a dança dos cinco ritmos[18], o "focusing" [19] e as terapias manuais como a osteopatia e a fasciaterapia[20]. *Essas pessoas entraram num processo de busca de práticas para cuidar da globalidade de si que chamo de dimensão preventiva secundária. Considerar seu ser-no-mundo como uma totalidade cujos componentes estão em total interdependência introduz a uma relação com o si-corpo como UMA entidade que exige práticas somatopsíquicas que curam, cuidam ou mantém esse equilíbrio de globalidade de si e não somente práticas corporais que tem uma incidência psíquica benéfica. A prática de uma forma de meditação associada a técnicas de artes marciais, por exemplo, é um caminho que hoje se tornou clássico para as pessoas que não encontram nas diferentes religiões os recursos que lhes convém.*

---

16. Desenvolvido por Dr. Caycedo.
17. Desenvolvido por Dr. Schultz.
18. Desenvolvido por Gabrielle Roth, na Califórnia, trabalho sobre as cinco formas de energia do corpo.
19. Fundado por Eugène Gendlin, filósofo e psicólogo americano da tradição humanista e experiencial.
20. Desenvolvido pelo fisioterapeuta, osteopata, psicopedagogo Danis Bois, hoje "Professor Catedrático" na Universidade Fernando Pessoa, diretor do Laboratório CERAP que gere currículos. Também fundador da somatopsicopedagogia. Essa abordagem tem como particularidade propor uma terapia manual que mobiliza o movimento interno autoregulador das fascias – tecidos conjuntivos que envolvem todos os órgãos, os músculos e ossos de nosso corpo, assim como um movimento codificado que mobiliza e mantém a dinâmica do movimento interno e além disso, uma forma de meditação que dá acesso à dimensão do sensível interno e das emergências de sentido. É de grande interesse a leitura das seguintes obras: *O eu renovado,* São Paulo, SP, 2008, *O sujeito sensível e a renovação do eu* – co-organização de Danis Bois e Marc Humpich, Ed. Paulus e Centro Universitário São Camilo, SP, 2008, mais recentemente Eva Berger (2009) *Rapport au corps ET création de sens em formation d'adults: étude à partir du modele somato-psychopédagogique,* Thèse de doctorat em sciences de l'éducation, sob a orientação de Jean-Louis Legrand, Université Paris VIII (a tese pode ser acessada assim como outros textos em português – ver Révue Réciprocités, bilíngue – no site www.cerap.org).

Finalmente, um certo número de pessoas evocam em seus relatos a importante descoberta que fizeram ao longo de seus vários anos de práticas somatopsíquicas, descoberta que lhes dá acesso a uma dimensão do seu ser que eu chamaria de ser essencial, em devir incessante. Esse ser essencial é definido, geralmente, como aquele que é mais vivo e dinâmico quando se deixa de se identificar com uma cultura, um meio social, na profissão, uma nacionalidade, uma religião, crenças múltiplas, de se agarrar a comportamentos, modos de fazer, modos de pensar etc. O acesso a esse ser essencial dá, segundo os autores os relatos, uma relação de grande abertura e disponibilidade para com a vida e com o que possa advir. Que oferece igualmente o prazer de ter para apreender e para descobrir o que é desconhecido de si e de nossa humanidade. É uma ampliação do campo da consciência que pode ligar-se às profundezas de si até então ignoradas e oferecer os recursos de transformação da consciência humana. Entre as práticas somatopsíquicas, uma delas é inteiramente apaixonante porque oferece três práticas que se completam de modo que o acesso a nosso ser essencial se abre por três entradas complementares que asseguram uma ancoragem encarnada para as dotações de sentido[21]*. A trilogia Busca de conhecimento, Busca de sentido e Busca de atenção consciente ou presença sensível a si e ao mundo são permanentemente mobilizadas por essa prática.*

É possível, nesse ponto de exploração das diferentes modalidades de relação com nosso corpo associadas àquelas dos cuidados de si, apresentar uma síntese a fim de permitir ao leitor ter uma visão de conjunto que facilite a reflexão. Sem dúvida, é preciso relativizar esses níveis que não são "degraus de escadaria" que conduzem

21. Faço referência aqui as pesquisas efetuadas por meus colegas do paradigmas do Sensível, apresentado acima, com os quais trabalhei na articulação da dimensão biográfica desde 2002 através de pesquisas, publicações, congressos com os quais experimento os três componentes das práticas somatopsicopedagógicas evocadas no texto. Ver em francês *Vers l'accomplissement de l'être humain, soin, croissance et fomation* com organização de Danis Bois e Marc Humpich, Ed. Pont d'Appui, Ivry Sur Scine (Fr) 2009.

à plenitude de nosso ser essencial ao longo das idades da vida, mesmo que o nível 4 se apresente como uma consciência de si ótima *num dado momento* de nossa existência. Todas as pessoas que estão engajadas num caminho de conhecimento de si e de compreensão do sentido da vida e de sua vida sabem que estamos em busca perpétua. Que uma compreensão jamais é completa e definitiva. Nossa vida de ser humano num meio ambiente sempre mutável, como as mudanças imprevisíveis que modificam nossa interioridade, nos obriga a regressões, volta ao zero, perdas de coerência, dúvidas existenciais que rompem as certezas construídas inconscientemente. O quadro que se segue deve então ser usado com prudência.

Síntese dos cinco níveis de profundidades do cuidado de si e da relação com o corpo

Nível 4 Cuidar do seu ser essencial (atos curativos e preventivos) e manter o vínculo com ele	Ser presença consciente e encarnada para si-mesmo e para a vida no presente, ser um com a vida	*Práticas somatopsíquicas cotidianas* em longa duração (anos) que dão acesso a dinâmicas interiores animando o movimento de vida por evoluções, uma abertura, para mudanças e doações espontâneas de sentido
Nível 3 Cuidar da globalidade de si (atos curativos e preventivos)	Sentir a interdependência do corpo e do espírito, ser consciente de sua necessária unidade	*Práticas somatopsíquicas cotidianas* escolhidas para fornecer, desenvolver e alimentar a unidade do ser no equilíbrio entre corpo e psique, permanentemente ameaçado
Nível 2 Cuidar de si para manter-se em saúde (atos curativos e preventivos)	Sentir as necessidades e as fragilidades de seu corpo	Ter *práticas corporais regulares* para responder às necessidades e superar as fragilidades tendo em vista um bem estar associado ao prazer de um si confortável
Nível 1 Cuidar de seu corpo (atos curativos e preventivos) nos cuidados de base que asseguram a sobrevivência	Ter um corpo e uma capacidade de observação desse corpo	Cuidados de base para a sobrevivência ou a recuperação na sequência de uma doença ou acidente e *exercícios físicos ocasionais* para a recuperação e/ou prazer

Nível 0 Delegação de cuidados de base (atos curativos e preventivos). Infância e período de doença ou acidente que invalida	Ser presente no presente	Cuidados de base assegurados por outro e exploração ou re-exploração de suas capacidades corporais

O *nível 0* é o que conhecemos em nossa infância quando estamos plenamente presentes no mundo, em sua exploração, mas sem ter consciência disso. Mesmo quando o Eu na criança ele é um todo evidente. Mas enquanto adulto pode ser que, por ocasião de acidente ou doença grave, que se perca, aparentemente[22], essa consciência e se fique de novo "sem relação com seu corpo" e na impossibilidade de cuidar de si.

A passagem do *Eu tenho um corpo* (Nível 1) para a descoberta do *Eu sou corpo* ou *Eu-corpo*[23] *(Nível 4) é uma verdadeira mudança de paradigma* que se efetua ao longo de uma busca de atenção consciente ou de presença consciente de si e do mundo que conduz a encontrar em seu caminho de vida abordagens transpessoais para compreendê-las e fazer escolhas que se mantenham significativas no tempo ou, em outras palavras, que nos permitam construir sentidos para o que vivemos.

Essas escolhas epistemológicas e espirituais estão associadas a técnicas de cuidar de si e a formas de meditação (práticas somato-

---

22. Digo "aparentemente" porque os que cuidam e os que são próximos não podem mais se comunicar com a pessoa. Mas pesquisas neurológicas recentes (tornadas publicas pela televisão da Radio Canada, le jeudi 4 Février 2010) mostram que há uma atividade neuronal e possibilidades de se comunicar com pessoas que não podem, absolutamente, mover-se nem falar. Duas equipes médicas, uma britânica e outra belga, permitiram a um homem considerado em estado vegetativo há cinco anos, que respondesse sim ou não pelo pensamento. Encontram-se mais detalhes sobre os outros casos estudados na internet no artigo publicado na New England Journal of Medicine intitulado Willful Modulation of Brain Activity in Disorders of Consiousness (em inglês) http://content.nejm.org/
23. O "eu-corpo" é um conceito utilizado pela psicanálise para evocar patologias psíquicos tal como o autismo (ver sobre www.sciencedirect.com), L'évolution psychiatrique de Eliane Allouch, Paris XIII), aqui significa a materialidade evidente ou a não encarnação do Eu.

psíquicas). *A realização cotidiana* de tais práticas transforma pouco a pouco nossas representações e idéias iniciais sobre nós mesmos e com isso nossa relação conosco mesmo e com nossa vida.

Como pude constatar nos relatos, o nível da implicação da pessoa em sua relação consigo mesma progride até o ultimo nível, para outros autores que fazem esse caminho, evidentemente. Por essa implicação, a pessoa assume a responsabilidade da orientação e da organização de sua vida sabendo, é certo, que não pode ter controle sobre todos os aspectos de sua vida.

A dimensão corporal de todas as nossas vivências assim como a dimensão das vivências corporais nos relatos de vida oferecem assim, ao longo da existência, oportunidades ou potencialidades de tomadas de consciência e de aprendizagens e natureza aberta, evolutiva, maleável, autopoiéticas de nosso ser no mundo, que dispõe de um potencial enorme, ainda por descobrir com tantas aprendizagens a desenvolver. É lamentável que os programas escolares de base e superiores atribuam tão pouco espaço, às vezes nenhum, a essas aprendizagens do cuidado de si. Porque, como se pode pretender cuidar dos outros em qualquer contexto que seja (familiar, social, profissional) se não se fez por si mesmo o caminho de cuidar de si que permite informar, orientar, guiar nas escolhas para enfrentar os desafios da vida? É lamentável que a concepção dominante da saúde continue a recortar nosso ser-no-mundo em pedaços: o físico, o corporal, de um lado e o espiritual de outro e que, em consequência na concepção médica dominante no Ocidente, o corpo seja recortado em especialidades e tratado por fragmentos. Essa situação é tão mais lamentável quanto se observa que na Europa ocidental e na América do Norte torna-se cada vez mais difícil encontrar médicos generalistas (clínicos gerais) em número suficiente.

Como frequentemente, em meus escritos gosto de deixar a última palavra ao escritor ou ao poeta. Para esse texto que lembra o lugar do corpo nas pesquisas autobiográficas e oferece uma conceitualização dos níveis de cuidado de si e das relações com nosso corpo, convido Henry Bauchau[24] a testemunhar seu próprio itinerário e eu os convido a meditarmos sobre esta frase extremamente provocativa:

> São os exercícios de relaxamento que faço a cada dia que levam a reconsiderar o corpo e a parte que lhe cabe, não no pensamento intelectual mas em nosso pensamento total... Eu procuro ler a escrita do corpo.

Genebra, 14 de fevereiro de 2010.

24. Extraído de seu diário *Les années difficiles* (1972-1983) publicado por Actes Sud, (Arles em France), p. 23. O site desse grande escritor e psicanalista nascido em 1913 na Bélgica é: http://banchan.fltr.ucl.ac.be/

Anexo:

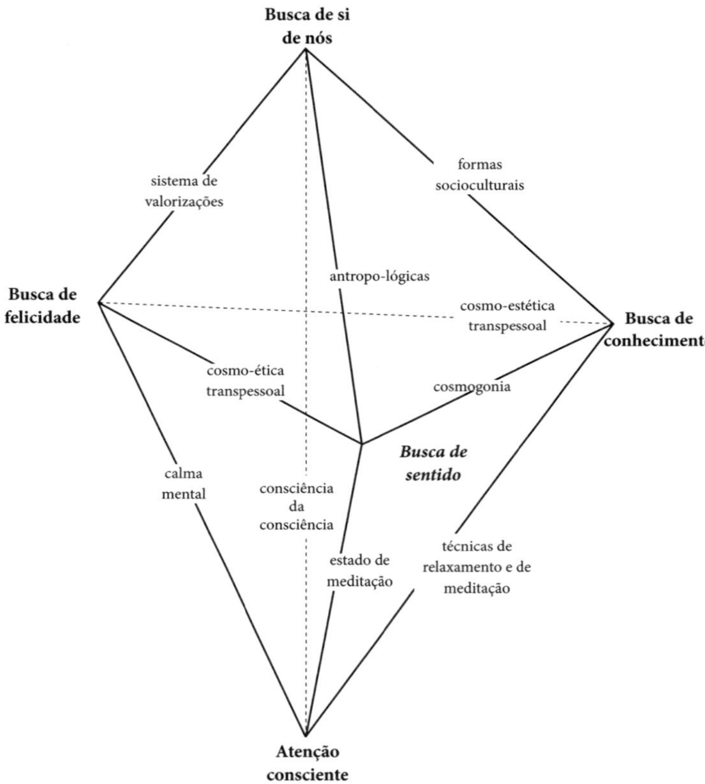
Busca de si
de nós
sistema de
valorizações
formas
socioculturais
antropo-lógicas
Busca de
felicidade
cosmo-estética
transpessoal
Busca de
conhecimento
cosmo-ética
transpessoal
cosmogonia
Busca de
sentido
calma
mental
consciência
da
consciência
estado de
meditação
técnicas de
relaxamento e de
meditação
Atenção
consciente

NARRATIVAS DE FORMAÇÃO-INVESTIGAÇÃO COMO LUGAR DE APRENDIZAGENS EM CONTEXTO COLABORATIVO

Filomena Arruda Monteiro, Adriana T. Fortes
Edson G. Evangelista, Fábio Mariani
Lúcia Ida, Waldinei Lisboa

Introdução

O presente texto tem a intenção de socializar o contínuo processo vivido pelo grupo de estudos e Pesquisas em Política e Formação Docente envolvendo questões teóricas e de pesquisa sobre as temáticas das aprendizagens profissionais desenvolvidas coletivamente em contexto colaborativo de formação, e a utilização de autoinvestigação como procedimento de pesquisa para a compreensão da constituição das identidades profissionais dos professores-pesquisadores.

As reflexões em torno da formação de professores entendida como desenvolvimento profissional: Gimeno Sacristan (1998); Zeichner (1998, 1999); Marcelo Garcia (1999); Nóvoa (2002); bem como dos contextos e dos processos de desenvolvimento das aprendizagens profissionais docentes: Mizukami (2000, 2002); Shulman (2005); Imbernón (2010); vêm ampliando seus espaços nos debates educacionais no Brasil e no mundo. Toda essa discussão tem contribuído significativamente para a ampliação da compreensão da complexidade que envolve a ação educativa e a formação docente. Contribuindo com essas discussões, na perspectiva da formação de professores, encontram-se também as reflexões que apontam para contextos colaborativos de formação, alicerçadas na premissa de que "a colaboração é um processo que pode ajudar a entender melhor a complexidade do trabalho educativo e dar respostas melhores às situações problemáticas da prática" (Imbernón, 2010, p. 65).

Imbernón (2010) defende, ainda, a idéia de que a formação docente deve tomar como estratégia metodológica de trabalho a interação dos sujeitos em contextos colaborativos. O referido autor argumenta que "seria preciso na metodologia formadora, partir de modalidades e *estratégias de formação* organizadas sobre a base do trabalho em grupo e seria preciso centrar-se em um trabalho colaborativo para assim se chegar à solução de situações problemáticas." (Imbernón, 2010, p.65, grifo do autor.). Neste mesmo contexto, Arruda-Monteiro (2008), refletindo a partir de Diniz-Pereira e Zeicnher amplia as reflexões trazendo a pesquisa como elemento formador no contexto colaborativo. A autora argumenta que:

> [...] a pesquisa como processo colaborativo é utilizada como meio de desenvolvimento profissional problematizando uma variedade de situações de trabalho. É também concebida como processo social e colaborativo de aprendizado conduzido por grupos de pessoas que se reúnem em torno da construção de conhecimentos sobre processos de aprendizagem e desenvolvimento profissional de professores. Oferece ainda oportunidades de criar fóruns nos quais as pessoas possam se reunir para refazer as práticas em que interagem (Arruda-Monteiro, 2008, p. 238).

É, precisamente, nesta perspectiva, que se encontram as investigações do grupo de estudos e Pesquisas em Política e Formação Docente – Linha Organização Escolar, Formação de Professores e Práticas Pedagógicas – do PPGE da Universidade Federal de Mato Grosso. A construção de processos investigativos/formativos/colaborativos tem sido objeto de constante reflexão para o grupo. Tal atitude de investigação/formação vem norteando os trabalhos realizados tanto em nível de pós graduação quanto na graduação nas atividades de estágio supervisionado no Curso de Pedagogia.

O grupo desenvolve seus estudos e pesquisas desde 2004 e nessa trajetória de seis anos vem ampliando e consolidando suas investigações acerca dos processos de aprendizagens profissionais da docência, entrelaçando estudo, pesquisa e formação e tomando como estratégia teórico-metodológica de investigação as abordagens qualitativas especificadas nas narrativas orais e escritas. É formado por professores, pesquisadores, mestrandos, egressos do mestrado da linha de pesquisa e alunos da graduação do curso de Pedagogia.

Neste trabalho o grupo retoma e sustentam a compreensão teórico-conceitual sobre os processos de *aprendizagens profissionais da docência no sentido de que estas não são lineares e sim construídas em diferentes contextos, expressando experiências pessoais e profissionais, diferentes etapas da carreira em que novas necessidades vão surgindo e novas aprendizagens se fazem presentes,*

> [...] como uma aprendizagem plural e complexa, formada pelo conjunto de conhecimentos, crenças, valores, provenientes de vários contextos e circunstâncias entrelaçados às diversas experiências e interações vividas pelos sujeitos nas suas histórias pessoais e profissionais que se prolonga por toda a vida profissional. (Arruda-Monteiro, 2008, p. 239).

Desse modo, as aprendizagens profissionais dos professores-pesquisadores devem ser compreendidas a partir de contextos múltiplos de experiências teóricas e variedades de práticas acumuladas ao longo dos percursos profissionais e pessoais dos sujeitos e que, agora, convergem no tempo e lugar do grupo, para então, dialógica e dialeticamente dinamizarem o processo continuo das aprendizagens. As narrativas escritas pelos professores-pesquisadores apresentam-se, desse modo, como verdadeira síntese desse processo, ao mesmo tempo em que potencializam novas aprendizagens.

Essas aprendizagens profissionais docentes, por sua vez, contribuem decisivamente para os processos de *desenvolvimento profis-*

sional dos professores-pesquisadores. Sendo que o desenvolvimento profissional, em seu sentido amplo, é compreendido como

> [...] o conjunto de processos e estratégias que facilitam a reflexão dos professores sobre sua prática, contribuindo para que esses professores construam novos conhecimentos e possam assim aprender com suas experiências. Isso significa ser necessário compreender os diferentes contextos e a natureza em que ocorrem os processos de aprendizagem da docência, considerando os conhecimentos dos sujeitos como elementos de uma prática individual e coletiva. (Arruda-Monteiro, 2008 p. 239).

Recentemente, em virtude de se perceber a necessidade de aprofundar a compreensão das aprendizagens coletivas construídas em contexto colaborativo de formação, foi lançado o desafio de se voltar o olhar investigativo-formativo sobre as experiências vividas no próprio grupo, através do que se denominou de "auto-investigação" com base nos estudos de Zeichner e Noffke, 2000 (citado em Marcondes, 2010). Em seu artigo, Marcondes enfatiza que esse tipo de pesquisa tem sido desenvolvido principalmente por formadores de professores com uma crescente aceitação nas universidades e comunidade de formadores, tendo como base de investigação o saber da experiência.

Neste momento o grupo é constituído de quinze professores-pesquisadores. Sendo assim, foi proposto a dez professores-pesquisadores que construíssem suas narrativas escritas tomando como foco as aprendizagens coletivas em contextos colaborativos, a partir de reflexões auto-analíticas de suas experiências investigativo-formativas, de modo a responderem a questão central: quais as aprendizagens profissionais construídas pelos pesquisadores a partir da utilização de narrativas?

O objetivo que se apresenta como central na investigação é compreender como as narrativas se constituem enquanto potencializadoras dos processos de aprendizagens profissional da docência em contextos colaborativos. A perspectiva da investigação com narrativas é tomada pelo grupo como momento significativo e dinâmico de aprendizagem da docência em virtude de dinamizar dialética e dialogicamente os complexos contextos investigativo-formativo que se entrelaçam à vida pessoal, as práticas docentes cotidianas e aos momentos de reflexão-investigação do próprio grupo de pesquisa. Isto porque, a oportunização da narrativa, pode converter-se em verdadeiros processos de auto-formação docente, uma vez que, ao narrar suas aprendizagens, o sujeito é convidado a refletir sobre elas e ressignificá-las, conferindo significados outros, que não seriam alcançados, não fosse o exercício narrativo. Cunha (1997, p. 2) lembra que "quando uma pessoa relata os fatos vividos por ela mesma, percebe-se que reconstrói a trajetória percorrida dando-lhe significados novos." A autora argumenta ainda que:

> A narrativa provoca mudanças na forma como as pessoas compreendem a si próprias e aos outros. Tomando-se distância do momento de sua produção, é possível, ao "ouvir" a si mesmo ou ao "ler" seus escritos, que o produtor da narrativa seja capaz, inclusive, de ir teorizando a própria experiência. Este pode ser um processo profundamente emancipatório em que o sujeito aprende a produzir sua própria formação, autodeterminando a sua trajetória. (Cunha, 1997, p. 2).

Assumindo essa perspectiva de auto-investigação, potencializada pelas narrativas, é que o grupo de estudos e Pesquisas em Política e Formação Docente toma as narrativas dos próprios professores-pesquisadores, enfatizando o modo como esses compreendem suas próprias experiências e aprendizagens docentes e, mostrando que os contextos colaborativos de atuação do grupo contribuem significativamente para a ressignificação crítica dessa prática.

Nesse sentido, pressupõe-se que os professores-pesquisadores além de evidenciarem as aprendizagens profissionais construídas através de uma co-construção de sentidos no contexto colaborativo do grupo, empreendam, também, um processo de "teorização da própria experiência", em que se encontram envolvidos, e assim, possam refletir criticamente sobre suas aprendizagens, avaliando-as e ressignificando-as, no que se acredita constituir um verdadeiro processo formativo.

Sendo assim, as narrativas dos dez professores-pesquisadores, tomadas aqui como instrumento de coleta de dados, tornam-se, também, reveladoras dos processos de desenvolvimento profissional dos sujeitos. Ao mesmo tempo, tais narrativas se constituem em instrumento de aprendizagem profissional, pelo fato de potencializarem estratégias e processos de reflexão sobre os conhecimentos já elaborados, bem como de novos conhecimentos e aprendizagens construídas a partir da experiência vivida no grupo.

Uma vez construídas as narrativas, sob a orientação da líder do grupo todos se propuseram à análise pormenorizada dos elementos apresentados, conferindo a interpretação com outros, de modo que se retomasse o foco significativo e se ampliasse para as dimensões histórico-sociais, evitando cair na "auto-justificações e racionalizações da experiência" (Marcondes, 2010, p. 335).

A seguir dedicar-se-á esforços no sentido de revelar as experiências vividas no próprio grupo, através do que se denominou de "auto-investigação" dos professores-pesquisadores a partir de suas narrativas.

2. Dos percursos formativos vividos em contextos colaborativos ás identidades profissionais

Quando analisamos os dados provenientes da pesquisa de modo a identificar quais informações emergiam com maior significatividade ou maior recorrência e as sintetizamos no eixo, "dos percursos formativos vividos em contextos colaborativos às identidades profissionais", não propusemos uma separação dos conceitos de "identidades e percursos". Ao contrário, entendemos que esses dois conceitos fazem parte de um todo que se dinamiza e se constrói de maneira intrinsecamente orgânica. Nesse sentido nos pautamos no entendimento de que as identidades profissionais são inseparáveis do desenvolvimento profissional. Ou seja, a identidade profissional deve ser compreendida como um processo complexo multifacetado, construído nas diversas inter-relações e contextos em permanente re-elaboração.

Isso nos leva a refletir sobre a articulação existente entre formação inicial e continuada com os processos de aprendizagem da docência e os contextos de prática de aprender a ensinar.

Assim, buscamos suporte teórico para discutir a maneira como os professores/pesquisadores concebem o "ser professor" em Nóvoa (1995) para quem,

> a identidade não é um dado adquirido, não é uma propriedade, não é um produto. A identidade é um lugar de lutas e de conflitos, é um espaço de construção de maneiras de ser e de estar na profissão. Por isso, é mais adequado falar em processo identitário, realçando a mescla dinâmica que caracteriza a maneira como cada um se sente e se diz professor (p. 16).

Tomando os dados provenientes das narrativas dos sujeitos e do contexto da pesquisa e refletindo à luz das proposições de Nóvoa acerca dos processos identitários, a primeira consideração importante a ser feita refere-se ao fato de os professores/pesquisadores que narraram suas experiências de investigação/formação, não serem professores iniciantes, mas já com alguns anos de experiência. Isso evidencia que os "processos identitários" dos sujeitos da pesquisa já se encontravam dinamizados por determinado tempo e lugar educativos, que antecederam ao ingresso no grupo de pesquisa. E esses contextos precisam ser tomados como ponto de partida para as novas aprendizagens individuais e coletivas apresentadas pelos sujeitos. Estas aprendizagens, por sua vez, compõem o dinâmico e evolutivo percurso profissional dos educadores e se tornam o "lugar de lutas e conflitos" que caracterizam as "maneiras de ser e estar na profissão", de cada um dos professores/pesquisadores.

Alguns em suas narrativas evidenciam que o seu ingresso no grupo de estudos e pesquisas, se deu, justamente, pela compreensão conscientemente construída da dinâmica que envolve a profissionalidade docente. Em outras palavras, a compreensão de que a constituição docente, ou a construção de uma identidade profissional da docência é dinâmica, e que, portanto, exige um constante reconstruir-se por meio do alargamento das aprendizagens que envolvem o processo e o percurso educativos motivou alguns a buscarem o grupo de pesquisa. E este contato, por sua vez, permitiu-lhes que iniciassem um verdadeiro processo de ressignificação de suas aprendizagens com o grupo de pertença, e por consequência das suas identidades ao mesmo tempo social e pessoal. Isso pode ser verificado na fala do professor/pesquisador abaixo:

> [...] com muita vontade de aprender procurei o grupo de pesquisa[...]. No grupo tive oportunidade de conhecer pesquisas realizadas pelos seus membros e de estudar textos dos autores da área de formação de professores, bem como, das narrativas. As discussões/reflexões realizadas com a participação/intervenção da professora, bem como, a troca entre colegas [...] contribui para ampliar e aprofundar nossos conhecimentos. (PP1)

Podemos observar na narrativa do PP1, que este revela a participação no grupo, motivadas pela "vontade de aprender" e pelas "discussões/reflexões" com os demais membros contribuindo para a ampliação e aprofundamento dos seus conhecimentos. Essas reflexões são ampliadas pela narrativa do PP2:

> Como a minha entrada na docência foi algo não bem planejado, uma vez que tenho como formação de base o bacharelado, ao ingressar na carreira senti a necessidade de buscar uma for-

> mação que contemplasse meus anseios e algumas angustias. Já no primeiro ano de docência busquei no departamento de pós-graduação da UFMT informações sobre as linhas de pesquisa na área de educação objetivando investir na formação profissional que a partir de agora fazia parte [...]. Nessa época algumas colegas da instituição [...], estavam fazendo mestrado na UFMT e comentaram sobre a linha formação de professores. Fui até a universidade buscar informações sobre essa linha [...]. Recebida pela professora da linha a mesma disse rapidamente alguns teóricos que o grupo usava como referencial e falou do grupo de pesquisa que ela tinha e que estava aberto para os professores que tivessem interesse em participar. [...] Nos primeiros encontros do grupo [...], fomos gradativamente estudando os teóricos que discutem formação, carreira docente, construção do conhecimento do professor, formação colaborativa e utilização da narrativa como referencial-metodológico de pesquisa, dentre outros assuntos. O acesso às leituras sobre a narrativa como instrumento de pesquisa tem sido uma oportunidade para eu me ver enquanto pessoa e professora. Nas primeiras leituras, para mim foi um misto de incertezas, angústias e muita inquietação, era como se eu tivesse assistindo a um filme sobre minha vida, mas a diferença é que não era alguém contando algo sobre mim, era eu mesma relatando fatos de minha vida profissional e o que mais me intrigava é que sempre me recordava das situações que até então pareciam bem resolvidas e que a partir de então me provocava uma certa tensão.

Nessa fala, PP2 traz para a discussão a sua concepção sobre a docência, buscando como base a reflexão sobre a sua prática pedagógica e o seu percurso profissional. Nesse movimento, PP2 buscou no grupo um meio para a sua formação pedagógica, pois já havia um entendimento de que a base do conhecimento da docência está para além do conhecimento especifico. Nessa trajetória, as necessidades formativas foram evidenciadas frente aos desafios da docência, e no relato, pontua-se que "*O acesso às leituras sobre a narrativa como instrumento de pesquisa tem sido uma oportunidade para eu me ver enquanto pessoa e professora*".

O desejo aparece como um elemento motivador da construção desse percurso e das novas aprendizagens profissionais, evidenciando o processo de ressignificação de sua identidade docente. Outro elemento que se destaca nessa trajetória, são o acolhimento e o direcionamento das ações, que de certa forma, amenizaram suas angustias. Um relato carregado de subjetividade em que a sua identidade pessoal e profissional são imbricadas pela tessitura de uma rede de histórias, de conhecimentos e rituais.

Ao "revisitar" o seu percurso profissional, a professora-pesquisadora se viu transportada para o lugar e o tempo do acontecimento "*[...] não era alguém contando algo sobre mim, era eu mesma relatando fatos da minha vida profissional [...]*". Esta viagem no tempo permitiu a ela rever a experiência e reorganizar o seu pensamento ao narrar o acontecimento, isso implica um olhar mais criterioso diante das situações vivenciadas, pois de acordo com suas palavras, estas aparições causaram-lhe "certa tensão". Suárez (2008) aborda que é nesse movimento, articulado com a reflexão que o professor se transforma.

Na mesma perspectiva encontramos a narrativa do PP3:

> Quando tomei conhecimento do grupo de trabalho [...] de princípio não poderia imaginar que ao longo do percurso de estudos pudesse ter contato com múltiplas reflexões sobre as práticas escolares. Inicialmente me senti bastante frágil e deslocada das discussões, pois estava afastada das teorias que fundamentam a complexidade da prática nos processos de aprendizagem atual, seja na organização do currículo, na organização da escola ou no ensino, isto é, no conjunto do desenvolvimento profissional. As discussões, das quais vinha participando ao longo da prática estavam bastante distantes da necessidade para a realidade da prática no contexto dos pro-

> cessos dentro da escola. Este grupo de estudos tem desenvolvido inúmeras reflexões que me fizeram refletir, me aproximar da realidade da prática que poderia melhorar ou até atuar de forma diferenciada. Com o objetivo de melhorar, aprofundar o nível de conhecimento, para expressar as experiências, as ações que se organizaram no decorrer de uma longa jornada as discussões do grupo vieram a confirmar os ideais de ser educadora no contexto das aprendizagens. Aprender a olhar as próprias ações fortaleceu as intenções de participar da reconstrução do meu próprio conhecimento.

Podemos perceber que PP3 abordou o grupo como um marco na construção e ressignificação da sua base teórica e metodológica, passando a orientar a sua prática pedagógica: "*Aprender a olhar as próprias ações.... fortaleceu as intenções de participar da reconstrução do meu próprio conhecimento.*" Esse processo reflexivo, possibilitou PP3 dar novo sentido e significado á sua concepção de "ser professor". O grupo se apresentou como fonte de apoio e de idéias, procurando assim, corresponder aos anseios formativos tanto do sujeito dessa narrativa como de outros participantes do grupo. Contexto que demonstrou a maturidade do grupo, e ainda permitiu visualizar a própria trajetória que o grupo percorreu nesses anos de trabalho, de estudo e de pesquisa.

A origem desse percurso formativo nasce da articulação do pessoal com o espaço socializado, processo que a fez refletir numa perspectiva de mudança, este fato, contribuiu para dar sentido tanto no campo da sua experiência da aprendizagem profissional, como no quadro da totalidade da sua experiência pessoal (Chené, 1986, p. 90).

Por sua vez, o PP4, apresenta suas reflexões nos seguintes termos:

> Participar de um grupo de estudo e de pesquisa é uma oportunidade que todos professores deveriam ter. Por vários motivos, e entre os principais destaco a troca de experiências e a possibilidade de contato com as pesquisas mais atuais no campo da

> educação. No meu caso a possibilidade de conhecer a utilização das narrativas como forma de buscar a compreensão para (auto) conhecimento me mostrou que as nossas atitudes perante muitas situações em sala de aula e em outros contextos sociais podem estar relacionados com a nossa historia de vida e verbalizar essa história pode contribuir para a tomada de consciência do que fazemos. Sabendo que isso não é tarefa simples.

PP4 avalia positivamente a sua participação no grupo de estudos e pesquisas e chega mesmo a considerar que todos os professores que atuam nas escolas deveriam ter a oportunidade de participarem destes lugares de discussão e troca de experiências, que se constituem, verdadeiramente, em lugares de formação e aprendizagem. Segundo PP4, as narrativas permitem a compreensão de que determinadas atitudes verificadas na prática profissional podem estar condicionadas pela "história de vida" do sujeito. E que o fato de se oportunizar a verbalização dessas "histórias de vida" e dos percursos formativos tende a dinamizar os contextos de conscientização e ressignificação das práticas. Em outras palavras, a narrativa remete o próprio sujeito a um processo de auto-reflexão ou autocrítica sobre o seu próprio percurso e identidade profissionais, tornando-se, assim, lugar de aprendizagem.

Colaborando nessa mesma perspectiva encontramos a fala de PP5:

> Penso assim que as narrativas como opções teórico-metodológicas, vêm favorecendo não só a construção das minhas aprendizagens da docência, como dos demais membros do grupo, levando a todos a uma rede interpretativa de sentimentos e emoções que permite fortalecer a análise da trajetória pessoal e profissional de cada um dos membros, criando também um espaço rico de experiências para a compreensão das inter-relações com a minha práxis pedagógica. Ao narrar minha história de vida e formação, venho compreendendo a mim mesma (meu pessoal e profissional), dando ênfase a minha trajetória

profissional, em que pese compreender as regularidades e irregularidades ocorridas no meu percurso de formação. Assim para pensar sobre os saberes profissionais construídos ao longo da minha carreira do magistério e as minhas aprendizagens profissionais, levo em conta a experiência humana do ser professor num campo de lutas onde nos fazemos professor, numa perspectiva que é relacional.

PP5 enfatiza, em sua fala, a importância dos contextos pessoais e profissionais como elementos potencializadores de novas aprendizagens e, destaca, uma vez mais, que o processo de construção das aprendizagens profissionais pessoais e coletivas pode ser especialmente dinamizado pela opção teórico-metodológica das narrativas. Ao afirmar que *"ao narrar minha história de vida, venho compreendendo a mim mesma (meu pessoal e profissional), dando ênfase a minha trajetória profissional, em que pese compreender as regularidades e irregularidades ocorridas no meu percurso de formação"*, aponta para o processo auto-formativos em que todos se encontram envolvidos. É, precisamente, neste sentido que compreendemos que os sujeitos da pesquisa ao narrarem suas experiências coletivo-colaborativas construídas no grupo, acabam por sofrer os efeitos formativos dessa experiência.

Nesse sentido, as narrativas construídas pelos dez pesquisadores, possibilitaram aos envolvidos no processo, reviverem o acontecimento, enxergarem-se e situarem-se em relação aos saberes profissionais que trouxeram para o grupo, bem como às aprendizagens coletivas construídas de modo colaborativo no e com o grupo. Segundo Suárez (2008), no momento em que escrevem suas experiências, os professores procuram dar sentido e legitimidade as suas práticas pedagógicas e ao ambiente de trabalho docente. E, nesse movimento ele se transforma mediado pela reflexão em contextos colaborativo. Essas discussões são ampliadas e justificadas nas narrativas abaixo:

[...] enquanto pesquisadora me vi construindo um novo olhar sobre o meu próprio processo de formação profissional, passando a organizar meus pensamentos de modo mais reflexivo, desenvolvendo uma (auto) análise do meu fazer pedagógico, construindo novos parâmetros da minha prática. (PP6)

As narrativas possibilitaram uma análise da minha trajetória [...]. Com os estudos e análises das narrativas, tenho vivenciado uma verdadeira exposição do meu eu, pois me sinto em total desestruturação, numa busca necessária por caminhos que proporcionem o desenvolvimento do meu eu pessoal e do meu eu profissional, numa perspectiva de formação constante na mudança e na incerteza [...], considerando a dinamicidade que a educação nos imputa.(PP7)

Ao analisar uma narrativa você tem a possibilidade de entender o outro mais profundamente. É um exercício muito rico de aprendizagens, pois nos remete às nossas próprias situações vivenciadas, experienciadas.(PP8)

Amadurecimento que me deu base para educar o meu olhar, a minha percepção e definir foco. Prática que permitiu me ver no processo e, esse entendimento me causou estranheza por aflorar minhas fragilidades. (PP9)

[...] vejo no instrumento narrativa como uma oportunidade do professor ser sujeito de sua história, recontar fatos relevantes de sua carreira e rever suas práticas e seus conhecimentos, acredito que é uma possibilidade de nós professores revermos e refletirmos a aprendizagem, o conhecimento, enfim creio que consiste em analisar nossa trajetória na docência, mas é uma análise que implica nos ver de um modo aberto, despindo do medo do julgamento que podem ser feitos pelos outros, como se fosse um encontro consigo mesmo. (PP2)

A compreensão desse percurso formativo, para Chené (1986) mobiliza o professor a assumir a sua própria formação numa perspectiva de significação e de criação. Nesse sentido, a autora aborda que a formação nasce da articulação do espaço pessoal com o espaço socializado, processo que dá sentido tanto no campo da sua experiência de aprendizagem profissional, como no quadro da totalidade da sua experiência pessoal. Nesse caso, a fala do professor torna-se o eixo da sua formação e de si próprio (p. 90), tais como descritas nos relatos abaixo:

> [...] fui apresentada aos autores que norteiam essas pesquisas [...] foi um prazer ser apresentada [...] pois muito tempo tive a vivencia de ser professora e a convivência com colegas professores, sem "pensar" como é que acontece, de fato a formação de um professor. [...] fez-me repensar nas atitudes pessoais e de alguns colegas [...] fez-me refletir [...] sentido que, na minha trajetória profissional significou permanente busca de qualificação para o exercício da docência. (PP10)
>
> Refletir com o nosso grupo de pesquisa acerca das nossas aprendizagens no espaço de formação de professores tem sido um processo de intensas reflexões e porque não vivencias das minhas práticas no caminho da docência. Durante este período, juntamente com o apoio e a experiência dos colegas do grupo e da nossa professora orientadora [...] que vem nos apoiando no sentido do comprometimento com o exercício de uma formação profissional reflexiva e consciente com relação aos pressupostos de uma concepção de construção do conhecimento no coletivo e que permeia o diálogo entre os membros do grupo, me faz acreditar que todos do grupo são sujeitos de um processo de descobertas [...]. Este processo de (re)construção pessoal e profissional da minha própria trajetória de aprendizagem tem me oferecido oportunidade enriquecedoras de me apropriar de conhecimentos e desenvolver estudos

mais completos possibilitando o meu desenvolvimento da minha trajetória profissional. (PP5)

3. Para finalizar

Considerando o objetivo proposto inicialmente que consistiu em compreender como as narrativas potencializariam os processos de aprendizagens profissional da docência em contextos colaborativos, principalmente no que se refere à construção identitária de professores-pesquisadores, podemos salientar que foi possível evidenciar um processo de ressignificação da identidade desses professores-pesquisadores, resultado de um trabalho de reflexividade crítica sobre a própria experiência no grupo. Percebemos também que a perspectiva de auto-investigação propiciou a re-construção de conhecimentos e ressignificação crítica tanto no que diz respeito à pesquisa quanto no que se refere á produção de novos conhecimentos e novas estratégias de se pensar a formação docente.

Não pretendo finalizar aqui esta discussão, uma vez que considero este um primeiro ensaio das reflexões que o grupo de estudos e formação docente vem realizando a partir da "teorização da própria experiência", um processo de construções coletivas de conhecimento, rico e significativo para todos os professores-pesquisadores. E desse ponto de vista o nosso desafio continua.

Referências Bibliográficas

ABRAHÃO, Maria Helena Menna Barreto (Org.). Pesquisa (auto) biográfica – tempo, memória e narrativas. In: *A aventura (auto) biográfica:* teoria e empírica. Rio Grande do Sul: EDIPUCRS, 2004.

ARRUDA-MONTEIRO, F. M. Narrativas: estratégia investigativo-formativas para a compreensão dos processos de desenvolvimento profissional da docência.In: SOUZA, E.C. & PASSEGUI, M. da C.

Pesquisa (Auto) biográfica: cotidiano, imaginário e memória. Natal, RN: EDUFRN; São Paul:Paulus, 2008.

CLANDININ, D.J. ; CONNELLY, M.F. Conocimiento práctico personal de los profesores: imagem y narrative. In: ÂNGULO, L.M.V. (org) *Conocimiento, Creencias y teorias de los profesores.* Alcoy: Editora Marfil, 1988, p. 63-86.

CONTRERAS, J. *A autonomia de professores.* Tradução Sandra Trabucco Valenzuela. São Paulo: Cortez, 2002, 296pp.

GIMENO, S.J. Consciência e ação sobre a práticacomo libertação profissional dos professores. In: NÓVOA, A. (org.) *profissão Professor.* Porto:porto Editora, 1995.

IMBERNÓM, Francisco. Una Nueva Formación Del Profesorado para um Nuevo Desarollo Profesional y Coletivo. In: *Revista Brasileira de Formação de Professores,* vol. 1, n. 1, Maio de 2009, pp. 31- 42.

MARCELO GARCIA, C. *Formação de professores*: para uma mudança educativa. Porto: Porto Editora, 1999.

______. La Evalución Del Desarrollo Professional de La CAntidad a La Calidad. In: *Revista Brasileira de Formação de Professores,* vol. 1, n. 1, Maio de 2009, pp. 43-70.

MARCONDES, M. I. Pesquisa sobre o saber prático dos professores: perspectivas e limites dos auto-estudos. In: DALBEN, A. et al. (orgs.) *Convergências e tensões no campo da formação e do trabalho docente.* ENDIPE, UFMG, Belo Horizonte, Autêntica, 2010.

MOITA, Maria da Conceição. Percursos de Formação e de trans-formação. In: NÓVOA, A. (org.) *Vidas de professores.* 2.ed. Porto-Portugal: Porto, 1992.

MIZUKAMI, M da G. N.et al. *Escola e aprendizagem da docência*: processos de investigação e formação.São Carlos, SP: EdUFSCar, 2002.

MIZUKAMI, Maria das Graças N. Formação continuada e complexidade da docência: o lugar da universidade. In: *Trajetórias e processos de ensinar e aprender:* didática e formação de professores – XIV ENDIPE. 2008.

NÓVOA, A. (org.) *Os professores e sua formação.* Lisboa: Publicações Dom Quixote, 1992.

______. *Profissão professor.* 2.ed. Porto-Portugal: Porto, 1995, p. 13-34.

______. *Vidas de professores*. 2.ed. Porto-Portugal: Porto, 1992, p. 111-140.

______. *Professores: imagens do futuro presente*. Educa: Lisboa-Portugal, 2009.

PACHECO, J. A. & FLORES, M. A. *Formação e avaliação de professores*. Porto editora, Portugal: Porto, 1999.

SOUZA, Elizeu Clementino de. *O Conhecimento de si:* estágio e narrativas de formação de professores. Rio de Janeiro, DP&A; Salvador, BA: UNEB, 2006.

SUÁREZ,D.H. A documentação narrativa de experiências pedagógicas como estratégia de pesquisa-ação-formação de docentes. In: PASSEGGI, M.da C.& BARBOSA, T.M.N.(orgs) *Narrativas de formação e saberes biográficos*. Natal-RN; EDUFRN: São Paulo: Paulus, 2008, pp. 103-121.

ZEICHNER, K.M. Uma análise crítica sobre a "reflexão" como conceito estruturante na formação docente.*Educação & Sociedade: Revista de Ciência de Educação*.vol. 1 n. 1 (1978). São Paulo. Cortez; Campinas, 1978.

______. Novos caminhos para o practicum: uma perspective para os anos 900. In: Nóvoa, A. (org.). *Os professores e a sua formação*. Dom Quixote, Lisboa, 1992.

OS AUTORES

Adriana T. Fortes: Membro do grupo de estudos e Pesquisas em Política e Formação Docente – Linha Organização Escolar, Formação de Professores e Práticas Pedagógicas – do PPGE da Universidade Federal de Mato Grosso.

Christine Delory-Momberger: Professora de Ciências da Educação da Université Paris 13/Nord. Suas pesquisas têm mobilizado importantes trabalhos desenvolvidos no Brasil e inscrevem-se no âmbito qualitativo e hermenêutico da pesquisa biográfica. Esses trabalhos visam a compreender o lugar da biografia na construção do sujeito mediante o processo de educação, formação e socialização e querem também explorar as formas e os significados das construções biográficas em diferentes épocas e sociedades.

Edson G. Evangelista: Membro do grupo de estudos e Pesquisas em Política e Formação Docente - Linha Organização Escolar, Formação de Professores e Práticas Pedagógicas – do PPGE da Universidade Federal de Mato Grosso. Possui Licenciatura Plena em Língua Portuguesa, Língua Espanhola e respectivas Literaturas pela Universidade do Tocantins (2010) e graduação em Pedagogia pela Universidade Federal de Mato Grosso (2000). Atualmente é professor-formador de língua portuguesa do Centro de Formação e Atualização de Professores (Currículo Lattes. CNPq. Maio 2010).

Fábio Mariani: Membro do grupo de estudos e Pesquisas em Política e Formação Docente - Linha Organização Escolar, Formação de Professores e Práticas Pedagógicas – do PPGE da Universidade Federal de Mato Grosso. Graduado em Filosofia pela Universidade São Francisco (2000), Mestrado em Educação pela Universidade Federal de Mato Grosso (2010), professor do ensino fundamental e médio do Município de Primavera do Leste, atua como pesquisador nas área de Formação de Professores, Pesquisa Educacional e Organização escolar (Currículo Lattes. CNPq. Maio 2010).

Filomena Arruda Monteiro: Doutora em Educação, professora do Programa de Pós- graduação em Educação da Universidade Federal de Mato Grosso e líder do grupo de estudos e pesquisas em Política e Formação docente.

Henning Olesen Salling: Professor Assistente da Roskilde University, Dinamarca. Director do *Projeto História de Vida: um estudo sobre a aprendizagem de adultos na perspectiva da história de vida*. Desenvolve pesquisas relativas a educação continuada, profissões e formação no trabalho, identidades de trabalhadores, experiências de aprendizagem, usando a história de vida como método de pesquisa.

Jorge Ramos do Ó: Professor da Universidade de Lisboa. Mestre em História dos séculos XIX e XX pela FCSH da Universidade Nova e Doutor em História da Educação pela Faculdade de Psicologia e de Ciências da Educação da Universidade de Lisboa. Publicou vários trabalhos nos domínios da História Cultural, da Educação e da Pedagogia. O tema do governo de si articula boa parte de seus estudos.

Lúcia Ida: Membro do grupo de estudos e Pesquisas em Política e Formação Docente - Linha Organização Escolar, Formação de Professores e Práticas Pedagógicas – do PPGE da Universidade Federal de Mato Grosso. Licenciada em Geografia pela Universidade Federal de Mato Grosso. Professora efetiva da rede pública estadual de MT, desde 1993, trabalhando no Ensino Fundamental e Médio. Atualmente desempenha a função de Assessora Técnica Pedagógica da SEDUC/MT - desenvolvendo ações de implementação e de fortalecimento da Escola Organizada por Ciclos de Formação Humana como política educacional do Estado. Mestre em Educação pela UFMT/IE (Currículo Lattes. CNPq. Maio 2010).

Maria Teresa Santos Cunha: Graduada em História pela Universidade Federal de Santa Catarina (1973),Mestra em História do Brasil pela Universidade Federal de Santa Catarina (1982) e Doutora em Educação/História e Filosofia pela Universidade de São Paulo (1995). Professora associada do Centro de Ciências Humanas e da Educação, lotada no Departamento de História da Universidade do Estado de Santa Catarina/UDESC, desde 1999 e docente dos PPG/ Educação e PPG/ História da UDESC.Professora aposentada do Centro de Ciências da Educação da Universidade Federal de Santa Catarina e do Programa de Pós-Graduação em História (UFSC/1974-1998). Associada da ANPEd (1989), ANPUH (1980), SBHE (2000), ALB (!999), IHG/SC(1983), ASPHE/RS (2004 e da Associação Brasileira de (Auto)Biografia/Biograph (2009).Membro do corpo editorial das seguintes publicações: Perspectiva (UFSC)Cadernos de História da Educação (UFU/MG) Rev. Estudos Feministas/REF (UFSC), Esboços (UFSC) , Montagem (Centro Universitário Moura Lacerda/Rib.Preto/SP), História da Educação (UFPel/ASPHE/RS) , História Agora/ UDESC e Revista MAriasepedros (UFAM/AM). Autora de livros, capítulos de livros e artigos em periódicos nacionais e estrangeiros. Tem experiência na área de História, com ênfase em História Cultural, atuando nas seguintes áreas: História Cultural, História da Leitura e da Cultura Escrita, História da Educação, Memória, Acervos Pessoais, Patrimônio Cultural e Gênero. (Currículo Lattes. CNPq. Maio 2010)

Marie-Christine Josso: Socióloga, antropóloga, Dra. em Ciências da Educação, Professora da Universidade de Genebra, Faculdade de Psicologia e Ciências da Educação.

Rosa María Torres Hernández: Universidad Pedagógica Nacional, México. Tem Licenciatura em Pedagogia, Mestrado e Doutorado pela Faculdade de Filosofia e Letras da UNAM. Trabalha também como Diretora de Docência e Educação para a Vida no Centro de Cooperação Regional para a Educação de Adultos na América Latina e Caribe.

Serge Lapointe: Doutor em Psicologia, professor do Departamento de Psicossociologia e trabalho social da Universidade do Québec.

Waldinei Lisboa: Membro do Grupo de Estudos e Pesquisas em Políticas e Formação Docente – Linha Organização Escolar, Formação de Professores e Práticas Pedagógicas – do PPGE da Universidade Federal de Mato Grosso.

SOBRE O LIVRO
Formato: 14 x 21 cm
Mancha: 23,7 x 43,1paicas
Tipologia: Minion Pro 10,5/14,5
Papel: 75 g/m² (miolo)
Cartão Supremo 250 g/m² (capa)
2010

EQUIPE DE REALIZAÇÃO
Capa: DB Comunicação
Revisão: Lívia Lara da Cruz
Editoração: Johannes C. Bergmann

Impressão e Acabamento

Prol Editora Gráfica